Schnellübersicht

Do it yourself

Bo Hanus

Wie nutze ich
Windenergie
in Haus und Garten?

Bauanleitungen und Anregungen zum leichten Selbstbau
von Windgeneratoren

Mit 55 Abbildungen
2., überarbeitete Auflage

Franzis'

Die Deutsche Bibliothek – CIP-Einheitsaufnahme

Ein Titeldatensatz für diese Publikation ist bei
Der Deutschen Bibliothek erhältlich

Die meisten Produktbezeichnungen von Hard- und Software sowie Firmennamen und Firmenlogos, die in diesem Werk genannt werden, sind in der Regel gleichzeitig auch eingetragene Warenzeichen und sollten als solche betrachtet werden. Der Verlag folgt bei den Produktbezeichnungen im wesentlichen den Schreibweisen der Hersteller.

Satz: Fotosatz Pfeifer, 82166 Gräfelfing
Druck: Offsetdruck Heinzelmann, München
Printed in Germany - Imprimé en Allemagne.

ISBN 3-7723-7973-7

Vorwort

Dem Titel dieses Büchleins ist zu entnehmen, daß es sich hier um kleinere Windgeneratoren handelt, die sich „in Haus und Garten“ nutzen lassen.

Die Anwendung von kleineren Windgeneratoren ist besonders dort von Vorteil, wo es keinen Netzanschluß gibt oder wo das Anlegen einer Zuleitung zu teuer und zu umständlich wäre.

Wer mit dem Gedanken spielt, einen kleineren netzgekoppelten Windgenerator zu installieren, findet in diesem Büchlein ebenfalls sehr viele nützliche und objektive Informationen über den Selbstbau solcher umweltfreundlichen Anlagen.

Wie bei allen meinen anderen Werken gehört auch hier meiner Frau Hannelore Dank für ihre kompetente Zusammenarbeit als Co-Autorin.

Ihr Bo Hanus

Inhalt

Windgeneratoren für kleinere Objekte –
auch in Kombination mit Solarzellen

runnenpumpen – Stromversorgung
n Freizeitgrundstück

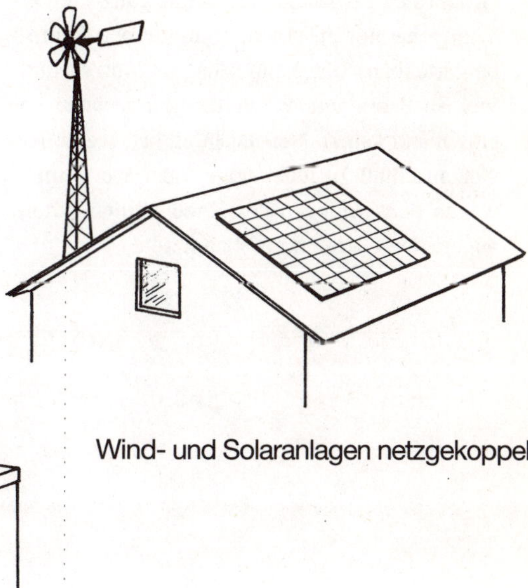

Wind- und Solaranlagen netzgekoppelt

romversorgung für Garagentorantrieb
d Beleuchtung

1 Der Wind schickt keine Rechnung

Die Nutzung der Windenergie verzeichnet in den letzten Jahren weltweit einen großen Aufschwung. Die Berichterstattung widmet sich hier aber fast ausschließlich großen Windpark-Anlagen, die oft ein ganzes Städtchen oder einen Betrieb mit elektrischem Strom versorgen können.

Ein guter kleinerer Windgenerator kann jedoch seinem Inhaber auch sehr wertvolle Dienste leisten. Man sollte daher die Anwendung der Windenergie nicht nur im Zusammenhang mit Großprojekten sehen. Selbst ein ganz kleiner Windgenerator an einem ganz kleinen Schrebergartenhäuschen kann sehr viel Nutzen und viel Spaß bringen. Besonders dann, wenn so ein Objekt keinen Netzanschluß hat, wenn der Netzanschluß zu teuer wäre, oder wenn man wegen dem Verlegen des Kabels einen schön angelegten Garten umgraben müßte.

Gerade die kleineren Windgenerator-Anlagen (die meistens im Eigenbau erstellt werden) benötigen wesentlich mehr Aufklärung als große Anlagen, die in der Regel „schlüsselfertig“ von Spezialfirmen entworfen, aufgestellt und gewartet werden.

Einen kleineren Windgenerator kann man sich im Laden oder bei einem Versand kaufen, selber installieren und warten. Man muß jedoch erst in Erfahrung bringen, worum es bei so einem Vorhaben geht, worauf es ankommt und wie sich alles am besten bewerkstelligen läßt. Dazu finden Sie, lieber Leser, in diesem Büchlein sehr viele Ratschläge, Bauanleitungen und andere nützliche Informationen, mit deren Hilfe Sie sich Klarheit über die ganze Materie verschaffen können.

Wie funktioniert ein Windgenerator?

2

Vom Prinzip her funktioniert der elektrische Windgenerator ähnlich, wie zum Beispiel der herkömmliche Fahrraddynamo: Wenn sich der Rotor des Dynamos dreht, erzeugt er elektrischen Strom. Bei einem Fahrrad ist die Welle des Rotors (Läufers) an der Oberseite des Dynamos mit einem kleinen Antriebsrädchen versehen, das gegen das drehende Rad angedrückt und somit angetrieben (gedreht) wird.

So ein kleiner Fahrraddynamo erzeugt eine elektrische Leistung von etwa 3 Watt und üblicherweise eine Spannung von ca. 6 Volt. Das reicht für den vorderen Reflektor und für das Hinterlicht des Fahrrades aus.

Man könnte also im Prinzip so einen kleinen Dynamo mit einem Windrad versehen, und ein kleiner Windgenerator wäre damit fertig. In der Praxis müßte hier der Dynamo (und damit auch sein Windrad) eine Drehzahl von etwa 40 Umdrehungen pro Sekunde erreichen, um eine brauchbare Leistung und Spannung aufbringen zu können. So etwas wäre bestenfalls bei einem starken Sturm erreichbar. Andernfalls wäre hier eine zusätzliche Übersetzung (Getriebe) zwischen dem Windrad und dem Dynamo-Rotor erwünscht.

Wen das Prinzip der eigentlichen Stromerzeugung interessiert, der wird eine kurze Erklärung begrüßen: Wenn in einem Magnetfeld zwischen zwei Polen (N und S) nach *Abb. 2.1a* eine Spule gedreht oder bewegt wird, entsteht in ihr durch die magnetische Induktion elektrischer Strom.

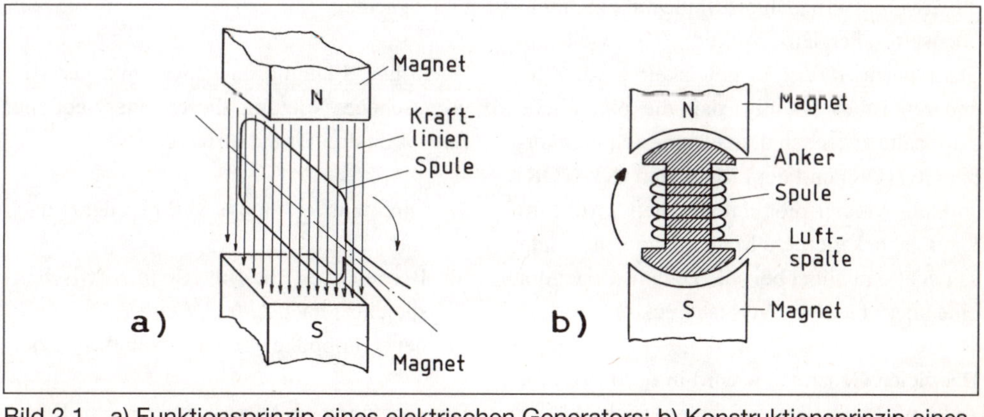

Bild 2.1 a) Funktionsprinzip eines elektrischen Generators; b) Konstruktionsprinzip eines Generators mit Ankerwicklung

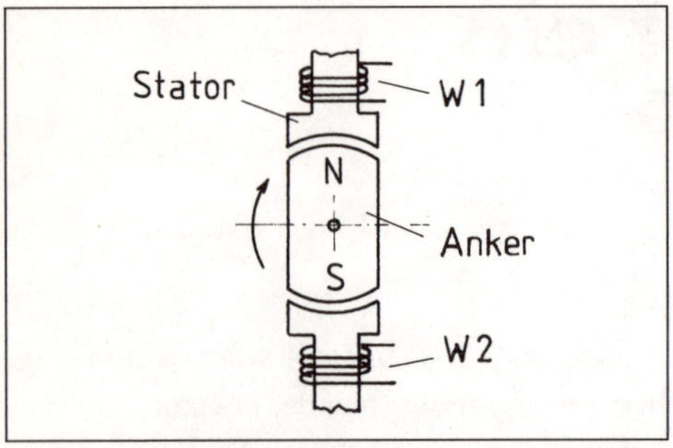

Bild 2.2 Konstruktionsprinzip eines Generators mit einem Permanentmagneten als Anker; die Wicklungen (W1 und W2) sind hier im Stator ausgelegt.

Die Stärke des magnetischen Feldes hängt von der Größe und der Qualität des Magneten (Permanentmagneten) ab. Die Stärke des magnetischen Flusses zwischen den zwei Polen **N** und **S** hängt zusätzlich noch von dem Abstand der Pole ab, wie auch von der magnetischen Leitfähigkeit des „Raumes", den der magnetische Fluß auf seinem Weg vom Pol **N** zum Pol **S** überbrücken muß.

Die magnetische Leitfähigkeit des Raumes zwischen den Polen läßt sich zum einen dadurch verbessern, daß die Spule auf einen magnetisch leitenden „Anker" (aus weichem Stahl) nach *Abb. 2.1b* gewickelt wird. Zum anderen ist es wichtig, daß die eigentliche Luftspalte zwischen dem eisernen Spulenkörper (ROTOR) und dem Magneten (STATOR) so klein wie nur möglich gehalten wird. Luft leitet ja bekanntlich Magnetismus nur sehr schlecht und bildet bei solch einem Generator eine unerwünschte „Verluststrecke".

Bei vielen Generatoren wird in der Praxis die Ankerwicklung (Rotorwicklung) nach *Abb. 2.2* auf den Stator verlegt. Den Rotor bildet dann ein Permanentmagnet (anstelle dessen jedoch auch ein Elektromagnet angewendet wird).

In der Praxis haben die meisten Windgeneratoren mehrere Wicklungen (manchmal sowohl am Stator, wie auch am Rotor). An der eigentlichen Funktion ändert sich damit nichts.

Wer bereits mit dem Fahrraddynamo praktische Erfahrung hat, dem ist eines bekannt: Fährt man langsam, leuchtet das Fahrradlicht schwach, fährt man schneller, wird es heller. Ähnlich funktioniert auch jeder Windgenerator. Je schneller sein Rotor dreht, desto höher ist seine Ausgangsspannung, sein Ausgangsstrom und damit auch seine Ausgangsleistung.

Die Ausgangsspannung und die Ausgangsleistung des Windgenerators sind für die Planung einer Stromversorgung die zwei wichtigsten Parameter. Ähnlich wie der angesprochene Fahrraddynamo, ist auch jeder Windgenerator bereits vom Hersteller für eine Maximumleistung und Maximumspannung ausgelegt. Darauf ist bei der Anschaffung eines Windgenerators zu achten.

Wichtiger Planungsausgangspunkt ist die vorgesehene Nutzung dieser Energiequelle. Es gibt da drei Grundvarianten:

a) Direktantrieb eines „Verbrauchers" nach *Abb. 2.3*
b) Betrieb über eine Batterie (als Zwischenspeicher) nach *Abb. 2.4* und *2.5*
c) netzgekoppelter Betrieb nach *Abb. 2.6*

Ein Direktantrieb kommt nur dann in Frage, wenn es genügt, daß ein bestimmter elektri-

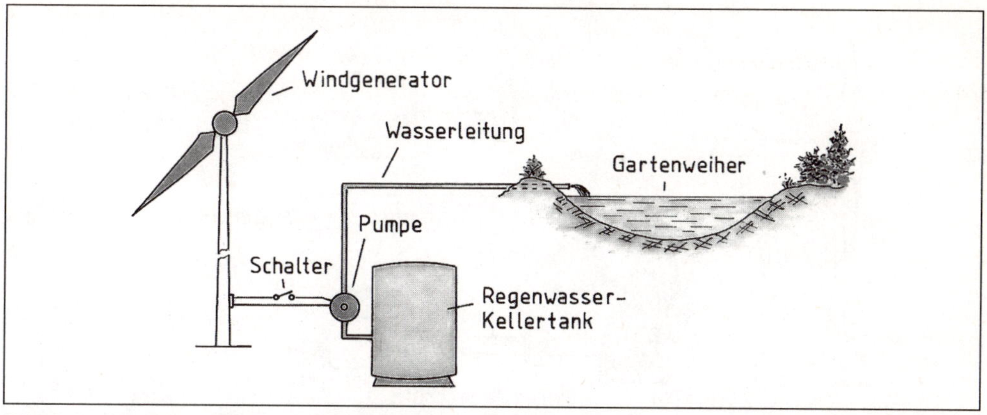

Bild 2.3 Direktantrieb einer Elektropumpe vom Windgenerator; aus einem Kellertank wird sporadisch Wasser in den Gartenweiher gepumpt.

scher Verbraucher nur „ab und zu" und ohne einen fest vorgegebenen Zeitpunkt betrieben werden darf. Bei einer kleinen Elektropumpe, die z.B. nach Abb. 2.3 sporadisch Regenwasser aus einem Kellertank in den Weiher nachfüllen soll, kann einfach nur dann gepumpt werden, wenn der Windgenerator dreht.

Mit der Dimensionierung ist es beim Direktantrieb relativ einfach: Der Windgenerator muß die vom Verbraucher benötigte Versorgungsspannung und Leistung bei vorgesehenem Windaufkommen liefern können.

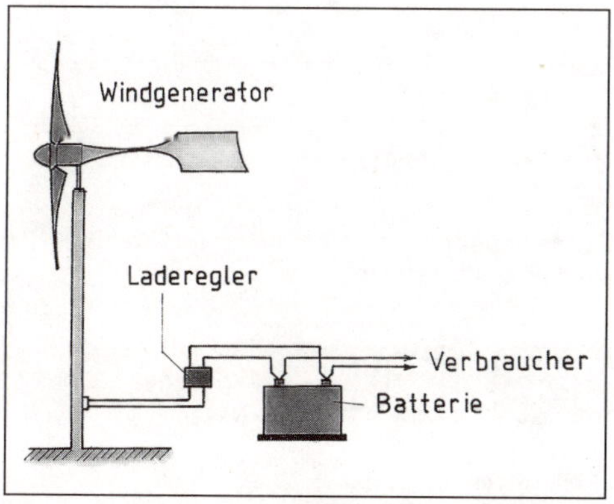

Bild 2.4 Schaltbeispiel eines Windgenerators, der über einen Laderegler eine Batterie (als Energie-Zwischenspeicher) nachlädt

Bei den meisten kleineren Windgenerator-Anlagen wird in der Regel eine nachladbare Batterie (Akkumulator) als Zwischenspeicher nach Abb. 2.4 angewendet. Es spielt keine besondere Rolle, welche nachladbare Batterie hier eingesetzt wird. In den meisten Fällen wird aus Kostengründen ein Bleiakkumulator verwendet. Das kann z.B. eine preiswerte Autobatterie, wie auch eine wesentlich teurere (aber strapazierfähigere) „Solarbatterie" sein.

Für ein schonendes Nachladen der Batterie ist der eingezeichnete Laderegler zuständig. Dieser ist üblicherweise mit jedem Windgenerator erhältlich. Seine Aufgabe besteht darin, daß er die Batterie beim Nachladen vor Überschreitung der elektrischen Ladewerte schützt (siehe auch Kap. 7).

Die hier aufgeführte „Ladevorrichtung" ist identisch mit der eines Autos. Dort wird al-

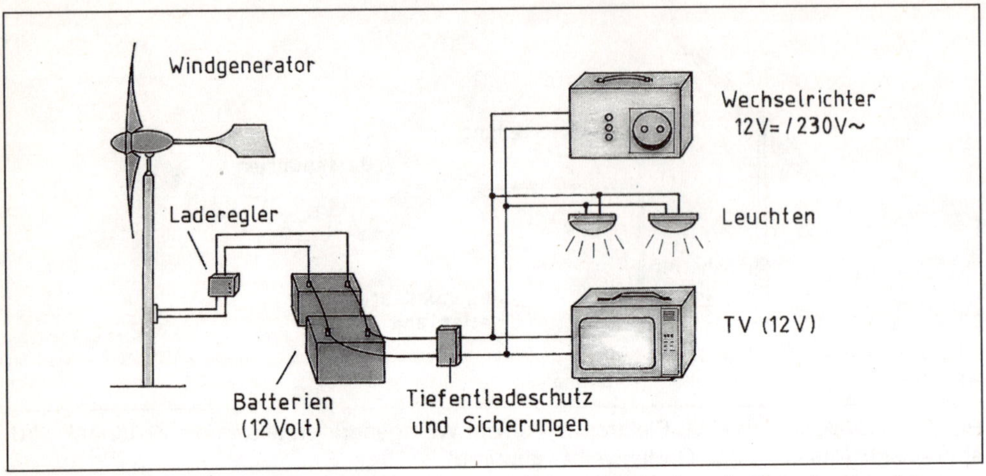

Bild 2.5 Schaltbeispiel eines Windgenerators mit zwei Batterien als Zwischenspeicher

lerdings der elektrische Strom nicht mit einem Windgenerator, sondern mit der sogenannten „Lichtmaschine“ erzeugt – welche ja auch ein elektrischer Generator ist, der direkt vom Fahrzeugmotor angetrieben wird. Übrigens, so eine Lichtmaschine, die man samt Laderegler aus dem Auto demontiert, kann als Windgenerator eingesetzt werden. Allerdings mit einer zusätzlichen Übersetzung (von ca. 1:10 bis 1:15) zwischen Windrad und Generator, da der Generator eine wesentlich höhere Drehzahl benötigt, als das Windrad direkt aufbringen kann.

Wo mehrere Verbraucher vorgesehen sind, können nach Abb. 2.5 – der höheren Kapazität wegen – auch mehrere Batterien als „Zwischenspeicher“ verwendet werden. Die Funktion des hier eingezeichneten Tiefentladeschutzes wird im Kap. 8 erklärt.

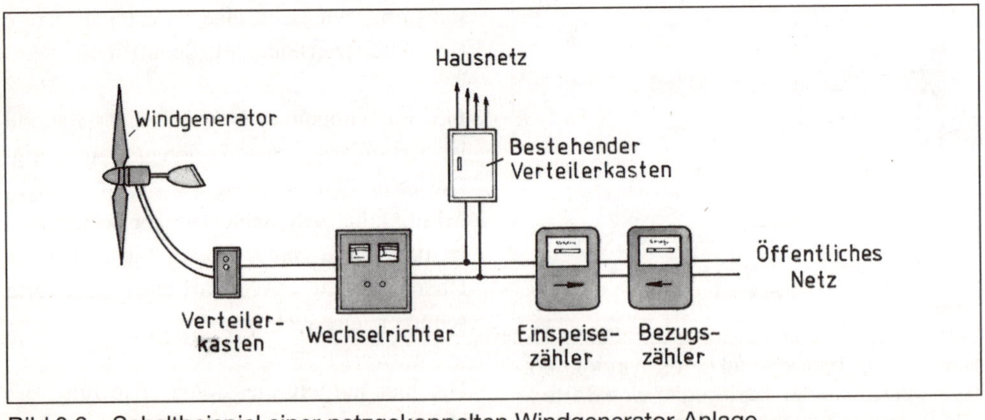

Bild 2.6 Schaltbeispiel einer netzgekoppelten Windgenerator-Anlage

Ein netzgekoppelter Betrieb nach *Abb. 2.6* kommt verständlicherweise nur dann in Frage, wenn ein Netzanschluß vorhanden ist. Zudem ergibt der ziemlich kostspielige Installationsaufwand nur dann einen tieferen Sinn, wenn ein leistungsfähiger Windgenerator (ab etwa 500 Watt) aufgestellt werden kann.

Netzgekoppelte Anlagen benötigen einen speziellen Wechselrichter, der die vom Windgenerator gelieferte Gleichspannung in eine netzsynchronisierte Wechselspannung umwandelt. Soweit es genügend Wind gibt, übernimmt der Windgenerator vorrangig die Stromversorgung des Hauses. Stromüberschüsse werden in das öffentliche Netz eingespeist und „zurückverkauft" (was z.B. auch nachts oder während der Abwesenheit der Hausbewohner der Wechselrichter vollautomatisch erledigt). An sich eine feine Sache!

Der „Anlagenbetreiber" bekommt hier normalerweise gar nicht mit, ob er gerade mit dem Strom aus seinem eigenen Windgenerator oder mit Netzstrom versorgt wird (es sei denn, er beobachtet die Stromzähler). Der zusätzliche „Einspeisezähler" wird in der Regel vom Elektrizitätswerk zur Verfügung gestellt (vermietet).

Nebenbei: Große Windgeneratoren (Windkraftanlagen) bzw. ein ganzer „Windpark" fungieren ebenfalls „netzgekoppelt" – als ein reines „Elektrizitätswerk", das den erzeugten Strom gegen Vergütung in das öffentliche elektrische Hochspannungsnetz einspeist.

Eine kombinierte Anlage: oben ein Savonius-Windgenerator, rechts unten Solarzellenmodule (Foto FÜW AG)

3 Windradtypen und ihre Eigenheiten

Abb. 3.1 zeigt einige Grundformen und Ausführungen der bekanntesten Windradtypen. Wozu kann so eine Typenvielfalt überhaupt gut sein? Die herkömmlichen Windmühlen hatten alle dieselben 4-Blatt-Windräder und man hat sich damit zufrieden gegeben.

Wer sich heutzutage eigenhändig sein Windrad bauen möchte, dürfte ohne weiteres „echte" Windmühlen-Flügel einplanen und würde dabei letztendlich gar nicht so schlecht abschneiden. Es wäre nur darauf zu achten, daß die Mühlenflügel bei einem kräftigen Wind nicht in einem benachbarten Fenster landen. Als eine technisch elegante, aber vom Aufwand her komplizierte Lösung kämen daher z.B. Windradblätter in Frage, die sich um ihre Achse windstärkegerecht automatisch drehen

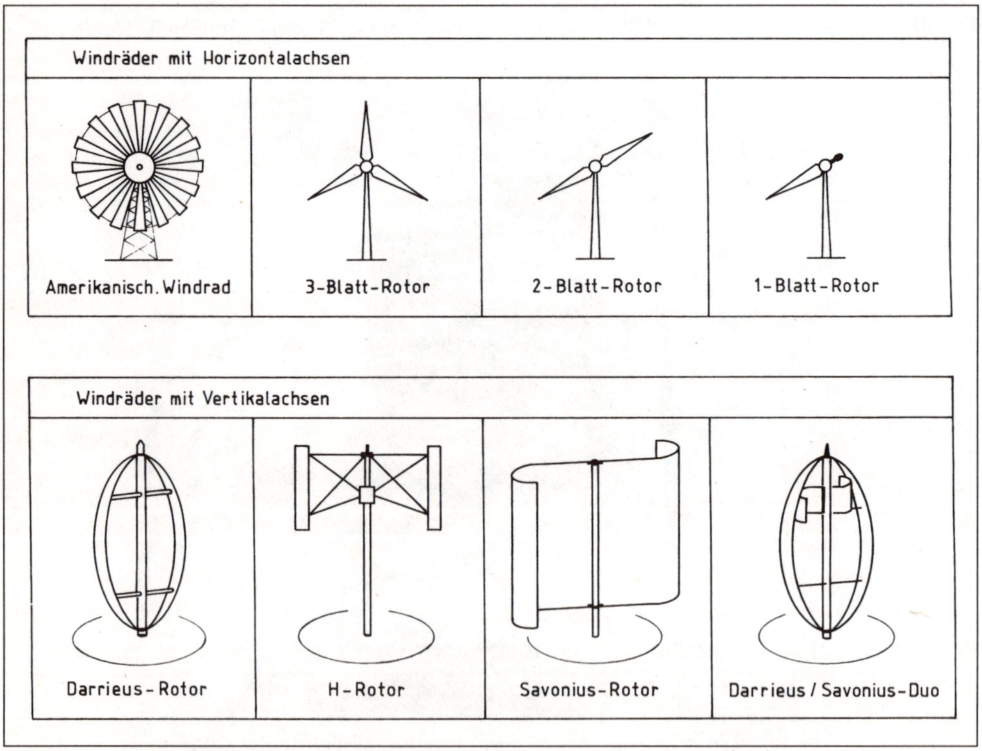

Bild 3.1 Konstruktionen der gängigsten Windradtypen

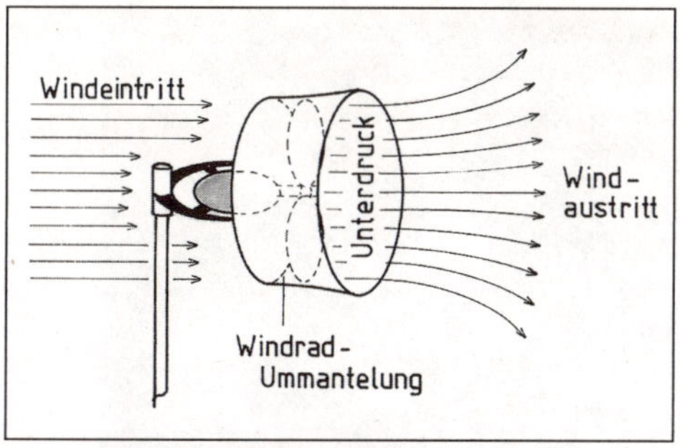

Bild 3.2 Konstruktionsprinzip eines „ummantelten“ Windgenerators

können und die sich eventuell bei einem Sturm ganz abstellen lassen.

Die meisten Anwender werden aber sicherlich ein Windrad als Fertigprodukt bevorzugen. Das läßt sich einfach aufstellen, anschließen und betreiben. Offen bleibt nur die Frage, welche Windradkonstruktion sich für das Vorhaben am besten eignet.

Den wichtigsten Planungs-Ausgangspunkt bilden die standortbezogenen Windverhältnisse, wie auch die Ansprüche auf die Kontinuität der Energielieferung. Mit den Windverhältnissen ist die standortbezogene „häufig vorhandene Windstärke“ gemeint (dieses Thema erläutert das nächste Kapitel näher).

Propellerartige Windradtypen eignen sich (als „Schnelläufer“) bevorzugt für Standorte mit kräftigerer Windstärke. Je kräftiger die Windstärke, desto schmaler dürfen die Propellerblätter sein – und umgekehrt.

Für schwachwindige Standorte werden dagegen langsamlaufende großflächige Windräder präferiert, meist Savonius-Rotoren oder diverse abgeleitete Konstruktionen. Die technischen Möglichkeiten sind ja bei weitem noch nicht voll ausgeschöpft.

Allerdings muß man hier die Tatsache berücksichtigen, daß bereits seit ca. 4000 Jahren Windräder angewendet werden, sich die Menschen aber nicht allzuviel Umwerfendes auf diesem Gebiet haben einfallen lassen. Dennoch sucht man weiterhin nach wirkungsvolleren Lösungen oder neuen Wegen.

So haben beispielsweise Ingenieure in den USA und Neuseeland eine sehr hohe Windenergieausbeute mit Hilfe von „ummantelten“ Windgeneratoren nach *Abb. 3.2* erzielt. Durch eine leicht trichterförmige Ummantelung des Propeller-Rotors entsteht hinter ihm durch die Windströmung ein Unterdruck, der die Geschwindigkeit des Luftstroms verdoppelt.

Diese Konstruktion soll eine bis zu sechsmal höhere Windenergieausbeute ermöglichen, als bisher bei herkömmlichen Windrädern erzielt wurde. Ein Problem bildet hier jedoch die Frage der Standhaltung bei stürmischem Wind. Ansonsten wäre dieses Prinzip auch für kleine „Garten-Windgeneratoren“ an windarmen Standorten gut anwendbar.

Theoretisch hört sich das Ganze ziemlich gut an. Praktisch wird man jedoch für eine Eigenbau-Anlage aus Kostengründen einen einfacheren Propeller-Windgenerator nach *Abb. 3.3* oder *3.4* wählen, weil die Savonius-Windgeneratoren meistens viel zu teuer sind (sie lassen sich wiederum ziemlich leicht im Eigenbau erstellen).

Einige der Propeller-Windgeneratoren mit Leistungen ab etwa 500 Watt sind bereits mit einer

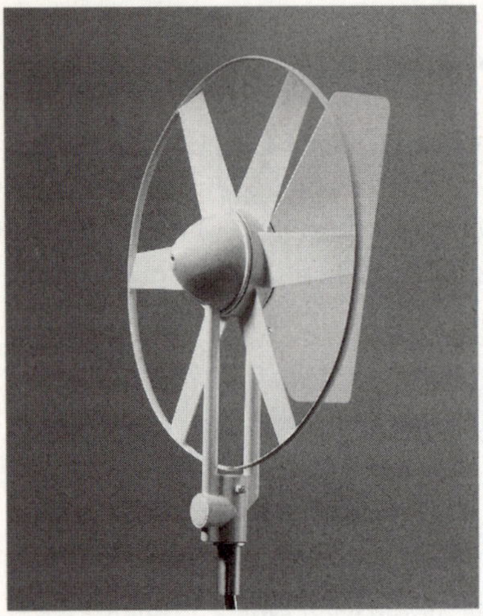

Bild 3.3 Kleiner Propeller-Windgenerator Type Rutland WG 500 mit einem Windrad-Durchmesser von nur 510 mm; seine Maximumleistung beträgt ca. 55 Watt (Anbieter: Conrad Electronic)

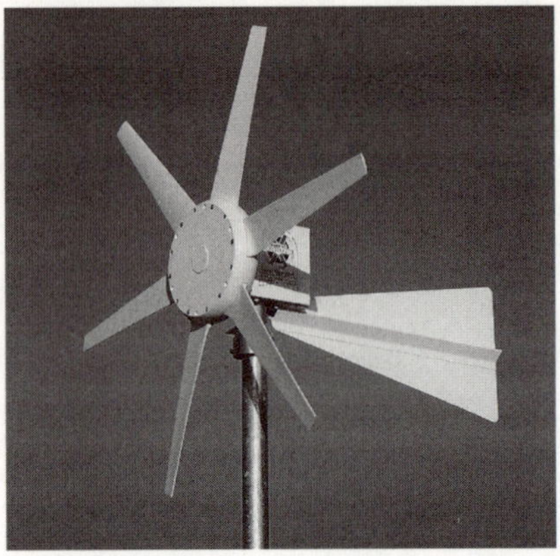

Bild 3.4 Dieser Windgenerator Type Rutland WG 913 ist für das Laden von 12 V- und 24 V-Batterien ausgelegt; sein Windraddurchmesser beträgt 910 mm; sein max. Ladestrom erreicht bei einer 12 V-Batterie ca. 18 A, bei einer 24 V-Batterie ca. 9 A (allerdings nur bei stürmischem Wind). Anbieter: Conrad Electronic

automatischen (drehenden) Rotorblattverstellung erhältlich. Das hat folgende Vorteile:

a) Der Rotor kann sich der Windstärke anpassen und somit einerseits auch bei einer niedrigeren Windgeschwindigkeit anlaufen, anderseits durch die Anpassung an die jeweilige Windstärke das Potential der Windenergie optimal ausnutzen.
b) Bei einem Sturm stellen sich die Rotorblätter automatisch derartig ein, daß die Drehzahl des Rotors eine technisch bedingte Sicherheitsgrenze nicht überschreitet.

Mit den Ansprüchen an die Kontinuität der Stromversorgung ist folgendes gemeint: Wenn der Windgenerator netzgekoppelt arbeiten soll (worauf wir noch im Kap. 12 zurückkommen), interessiert uns nur seine Jahresleistung. Eventuelle Versorgungslücken (bei wenig Wind) spielen keine Rolle. Es steht ja gleichzeitig der Netzstrom zur Verfügung. Wenn dagegen der Windgenerator eine netzunabhängige Stromversorgung zu bewältigen hat, spielt der Anspruch auf eine möglichst ununterbrochene Stromlieferung eine wichtigere Rolle als der Aspekt der eigentlichen Energieausbeute pro Jahr.

Eine völlig ununterbrochene Stromerzeugung ist logischerweise naturbedingt nicht möglich. Bei absoluter Windstille dreht ja kein Windrad. Man kann bestenfalls ein Windrad anwenden, das bereits bei niedriger Windgeschwindigkeit Strom erzeugt. Ein gut dimensionierter Energie-Zwischenspeicher (Akkumulator) muß dann über einen ausreichenden Energievorrat verfügen, der windarme Perioden überbrücken kann (weiteres im Kap. 7 und in diversen praktischen Bauanleitungen).

Standortwahl und Windverhältnisse

Im Gegensatz zu der Sonnenenergie verteilt sich die Windenergie nicht allzu ausgewogen. In Küstenregionen oder auf den Berggipfeln gibt es wesentlich mehr Wind als im Landesinneren. Zudem variiert die Windstärke in Abhängigkeit von Luftströmungen, landschaftlichen Hindernissen, der geographischen Lage des Standortes. Letztendlich auch von der Höhe, in der das Windrad angebracht ist.

Bei der Standortwahl einer größeren Windkraftanlage, die z.B. als ein ganzer „Windpark“ geplant ist, kann man sich unter Umständen ein optimales Gebiet aussuchen. Bei einer kleineren zweck- und ortsgebundenen Windanlage muß man sich üblicherweise mehr oder weniger mit dem zur Verfügung stehen den Standort abfinden.

Unter dem Begriff „mehr oder weniger“ kann verstanden werden, daß in vielen Fällen die zur Verfügung stehende Grundstücksgröße etwas Spielraum bietet. Vielerorts können auch an einer relativ kleinen „Spielfläche“ ziemlich große Unterschiede in den Windverhältnissen ermittelt werden. Besonders dann, wenn es sich um voll- oder teilbebaute Gebiete handelt, bzw. wenn natürliche Hindernisse (z.B. Bäume oder Hügel) dem Wind im Wege stehen.

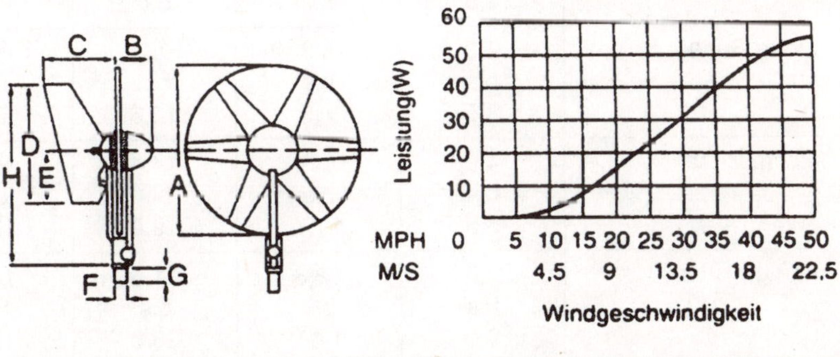

Abmessungen	A	B	C	D	E	F	G	H
mm	510	94	220	400	170	31	60	585

Bild 4.1 Leistungskurve eines kleinen Rutland Windgenerators mit einem Windraddurchmesser von ca. 0,5 m

Die örtlichen Windverhältnisse sind im allgemeinen – jedoch nicht standortbezogen – den Wetterämtern bekannt. Soweit es sich nur um die Frage der sogenannten „Hauptwindrichtung" handelt, weiß darüber auch jeder Hausbesitzer und jeder örtliche Architekt Bescheid. Das kann auf einem Gartengrundstück die Standortwahl für einen kleinen Windgenerator erleichtern, aber sagt nur wenig über die „brauchbaren" Windverhältnisse aus.

Wirklich wichtig sind in diesem Fall eigentlich nur zwei Eigenheiten des Windes: seine standortbezogene Windgeschwindigkeit und seine Häufigkeit.

Wir haben bereits erklärt, daß die Leistung und die Spannung eines jeden Windgenerators von der „Windstärke" abhängt. Bei den sogenannten „Leistungskurven" der Windgeneratoren wird – wie aus *Abb. 4.1* hervorgeht – üblicherweise nicht die „Windstärke", sondern die „Windgeschwindigkeit" (in Metern pro Sekunde bzw. Meilen pro Stunde) angegeben. *Tab. 1* zeigt, wie diese zwei Begriffe miteinander zusammenhängen.

Tabelle 1 Windstärken und Windgeschwindigkeiten

Windstärke	Bezeichnung	Windgeschwindigkeit			
		m/sec.	Knoten	km/h	Meilen/h
0	Windstille	0,1 bis 0,3	0,2 bis 0,6	0,4 bis 1,1	0,2 bis 0,7
1	leichter Zug	0,4 bis 1,5	0,9 bis 3,2	1,4 bis 5,4	0,9 bis 3,4
2	sanfte Brise	2,0 bis 3,5	4,3 bis 7,5	7,2 bis 12,6	4,5 bis 7,8
3	leichte Brise	4,0 bis 5,5	8,5 bis 11,7	14,4 bis 19,8	8,9 bis 12,3
4	mäßige Brise	6,0 bis 8,0	12,8 bis 17,1	21,6 bis 28,8	13,4 bis 17,9
5	mäßiger Wind	8,5 bis 11,0	18,1 bis 23,4	30,6 bis 39,6	19,0 bis 24,6
6	starker Wind	11,5 bis 14,0	24,5 bis 29,8	41,4 bis 50,4	25,7 bis 31,3

Tabelle 1 Windstärken und Windgeschwindigkeiten (Fortsetzung)

Windstärke	Bezeichnung	Windgeschwindigkeit			
		m/sec.	Knoten	km/h	Meilen/h
7	sehr starker Wind	14,5 bis 17,0	30,9 bis 36,2	52,2 bis 61,2	32,4 bis 38,0
8	stürmischer Wind	17,5 bis 20,5	37,3 bis 43,7	63,0 bis 73,8	39,1 bis 45,9
9	Sturm	21,0 bis 24,5	44,8 bis 52,2	75,6 bis 88,2	47,0 bis 54,8
10	heftiger Sturm	25,5 bis 28,5	54,4 bis 60,7	91,8 bis 102,6	57,0 bis 63,8
11	orkanartiger Sturm	29,0 bis 32,5	61,8 bis 69,3	104,4 bis 117,0	64,9 bis 72,7
12	Orkan/Hurrikan	33,0 bis 34,0	70,3 bis 72,5	118,8 bis 122,4	73,8 bis 76,1

Windgeschwindigkeit kann z.B. mit einem einfachen Handwindmesser nach *Abb. 4.2* ermittelt werden (er kostet an die 100 DM). Da ihn viele Segler, Modellflieger, Drachenflieger und Hobby-Meteorologen besitzen, kann man sich ihn auch evtl. nur leihen.

Über die Launen des Windaufkommens kann ein erfahrener Nachbargärtner oft sehr nützliche Auskünfte geben. Zumindest in der Form: „Eine Windstärke wie heute kommt hier häufig vor".

Die Messungen der Windgeschwindigkeit sollten an Tagen vorgenommen werden, an denen der Wind aus der Hauptwindrichtung kommt. Eine kleine Windfahne (evtl. nur als ein Papierstreifen an einem „Mast") erweist sich bei der Ermittlung der jeweiligen Windrichtung als sehr nützlich.

Beim Messen der Windstärke sollte die vorgesehene Höhe des Windrades berücksichtigt werden. Auf vielen Grundstücken verhält sich der Wind in der Nähe des Bodens wesentlich anders, als beispielsweise oben am Dach, wo das Windrad stehen sollte.

Der Standort des Windgenerators sollte so gewählt werden, daß er zu der Hauptwindrichtung möglichst offen (ohne Hindernisse) ist. Von Vorteil ist dabei, wenn das Windrad eini-

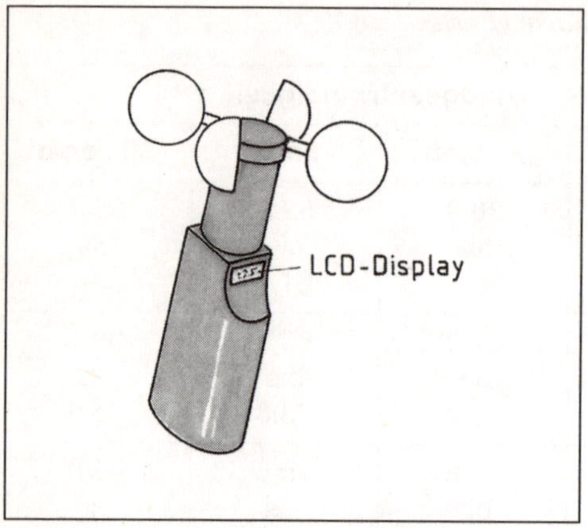

Bild 4.2 Ein moderner Handwindmesser zeigt auf seinem Display die Windgeschwindigkeit in m/s an.

einige Meter oberhalb von Hindernissen bzw. oberhalb von einer relativ freien Fläche stehen kann.

In der Praxis wird es wohl nicht immer möglich bzw. nicht immer architektonisch vertretbar sein, daß das Windrad zu hoch aufgestellt wird. Bei einfacheren privaten Anwendungen – wie z.B. in einem Schrebergarten oder auf einem Freizeitgrundstück – spielt ohnehin der Aspekt einer maximalen Energieausbeute keine zu ausschlaggebende Rolle. Hier geht es ja in der Hauptsache darum, daß der Windgenerator z.B. einen Akkumulator nachladen kann, der oft nur eine bescheidene Stromversorgung zu bewältigen hat.

Sollte es mit demVorhaben nicht auf Anhieb hundertprozentig klappen, hat es auch keine schlimme Folgen. Es läßt sich ja notfalls nachträglich ein zweiter Windgenerator oder ein zusätzliches Solarzellenmodul installieren (darauf kommen wir bei einigen Planungsbeispielen später noch zurück).

Soweit es bei einer solchen Anlage darauf ankommt, daß eine optimale „Wirtschaftlichkeit“ (bei netzgekoppelten Generatoren) erreicht wird, sollte die durchschnittliche Windgeschwindigkeit mindestens 5 m/s betragen. Liegt die Windgeschwindigkeit bei ca. 4 m/s, handelt es sich auch noch um einen „relativ guten Standort“, der allerdings nicht unbedingt rein rechnerisch als „wirtschaftlich“ gelten muß (die standortbezogenen Windgeschwindigkeiten werden normalerweise für 10 m Höhe angegeben).

Bei einer „selbstversorgenden“ Nutzung der Windenergie spielt der rein finanzielle Wirtschaftlichkeitsaspekt nur eine untergeordnete Rolle. Besonders dann, wenn es sich um eine kleinere Inselanlage handelt, mit der sich eine Stromversorgung auch dort realisieren läßt, wo es keinen Netzanschluß gibt.

Bemerkung: Die jeweilige Windgeschwindigkeit einer Brise läßt sich auch ohne einen Windmesser auf folgende Weise informativ feststellen: Ein kleines Stück Zeitungspapier wird über den Kopf gehalten, dann losgelassen und dabei wird geschätzt, wie lange sich das Papier in der Luft hält, bevor es auf der Erde landet. Bei einer Windgeschwindigkeit von etwa 3 m/s wird das Papier ca. 2 Sekunden lang ungefähr 6 m weit fliegen und auf der Erde landen. Allerdings nur „in etwa“, aber das genügt, um sich ein Bild über die Sachlage zu machen.

Worauf ist beim Kauf eines Windgenerators zu achten?

Die elektrischen und mechanischen Eigenschaften werden bei kleineren Windgeneratoren herstellerseits oft nur in einer vereinfachten Form angegeben. Das erspart dem Anwender unnötiges Grübeln.

Die Leistung eines Windgenerators hängt bekanntlich von der Windgeschwindigkeit ab und läßt sich daher am einfachsten in der Form der uns bereits bekannten Leistungskennlinie nach *Abb. 5.1* darstellen.

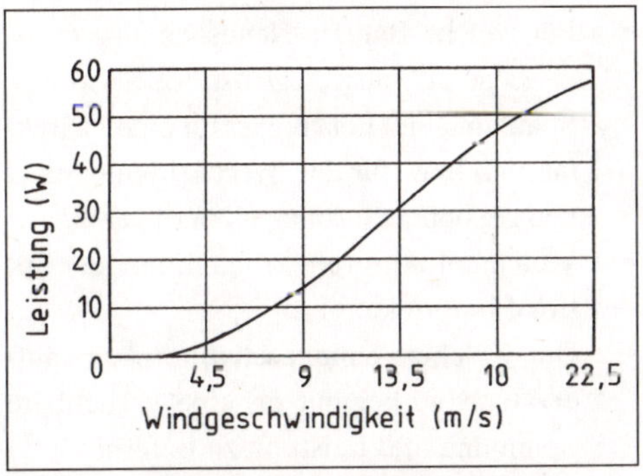

Bild 5.1 Leistungskennlinie (Leistungskurve) eines kleinen 50-W-Windgenerators

Die Abhängigkeit der jeweiligen Leistung (in Watt) von der Windgeschwindigkeit (in m/s) ist hier zwar leicht nachvollziehbar, aber es fehlen hier Angaben bzgl. der Ausgangsspannung. Manche Hersteller begnügen sich dann z.B. nur mit einem Hinweis, daß der Windgenerator für das Laden eines 12-Volt-Akkumulators ausgelegt ist.

So ein Hinweis vereinfacht zwar die Planungsüberlegungen, aber sagt wenig darüber aus, ab welcher Windgeschwindigkeit der Generator eine „brauchbare" Spannung liefern kann. Eine zusätzliche Spannungskennlinie nach Abb. 5.2 (links) ist da wesentlich aussagekräftiger. Wenn bei den technischen Daten auch eine Stromkennlinie – wie in *Abb. 5.2* rechts – aufzufinden ist, erspart es dem Anwender viel Kopfzerbrechen. Diesen zwei Kennlinien läßt sich z.B. schnell entnehmen, daß bei einer Windgeschwindigkeit von 4,5 m/s der Generator bereits eine „brauchbare" Ladespannung von ca. 16 V (linke Kennlinie) und einen Ladestrom von ca. 0,2 A liefert (rechte Kennlinie).

Wozu ist dies gut zu wissen? Wie noch im Kap. 8 näher erklärt wird, braucht man für das Nachladen eines Akkumulators eine Ladespannung, die höher ist, als die jeweilige Spannung des Akkumulators. Ansonsten kann von der „Ladequelle" in den Akkumulator kein Strom fließen (je mehr Ladestrom benötigt wird, desto höher muß die Ladespannung sein).

Ein gängiger Laderegler kann eine zu niedrige Spannung des Windgenerators nicht „auf-

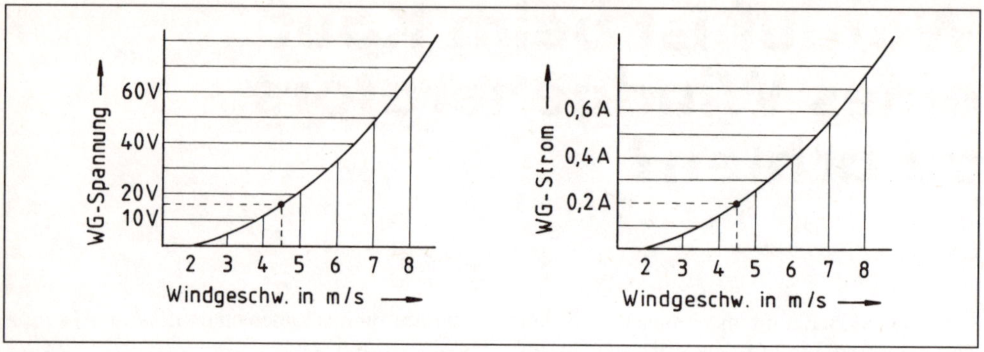

Bild 5.2 Spannungs- und Stromkennlinie eines Windgenerators (ein nicht produktbezogenes Beispiel)

wärtsregeln". Wenn der Windgenerator bei einer zu niedrigen Windgeschwindigkeit eine niedrigere Spannung liefert, als der Akkumulator zum Nachladen benötigt, wird dieser nicht geladen, weil – ähnlich wie bei fließendem Wasser – „von unten nach oben" kein Strom fließen kann.

Wenn dagegen der Windgenerator eine viel höhere Spannung liefert, als zum Laden (maximal) benötigt wird, dann regelt der Laderegler die überflüssige Spannung herab.

Bei manchen kleinen Windgeneratoren, die speziell zum Nachladen von 12-V oder 24-V-Batterien angeboten werden, findet der Kunde anstelle einer Leistungskennlinie nur eine anwendungsbezogene Strom-Kennlinie (Lade-Kennlinie) nach Abb. 5.2 rechts. In dem Fall ist beim Kauf darauf zu achten, für welche Batteriespannung (12 oder 24 V) der Generator ausgelegt ist.

Bei den meisten „Gartenstandorten" werden die Windbedingungen – wie bereits erwähnt – nicht gerade umwerfend sein. Daher ist es wichtig, daß da nach Möglichkeit ein Windgenerator eingesetzt wird, der bereits ab einer relativ niedrigen Windgeschwindigkeit anläuft und Energie produziert.

Bei der Anschaffung eines kleineren Windgenerators sollte jedenfalls auf folgende Angaben geachtet werden:

- Für welche Batterie-Nennspannung er als „Ladegerät" ausgelegt ist, oder welche Spannung und Leistung er für einen Direktantrieb bzw. für den Wechselrichter einer netzgekoppelten Anlage liefern kann;
- Welchen Ladestrom er maximal oder optimal liefern kann;
- Bei welcher Windgeschwindigkeit läuft er an, bzw. beginnt er, eine brauchbare Spannung und Leistung zu liefern;
- Welche Anwendungsmöglichkeiten der Hersteller bevorzugt empfiehlt;
- Ob eine automatische Rotorblatt-Verstellung vorhanden ist und welche Funktionen sie erfüllt;
- Welchen Windraddurchmesser der Generator hat (oft werden auch alle weiteren wichtigen Abmessungen und das Gewicht angegeben);

- Welche zusätzlichen speziellen Eigenschaften der Generator aufweist;
- In einem Wohngebiet ist es zudem erforderlich, daß der Windgenerator möglichst leise läuft.

Die tatsächlich *„häufig vorkommende"* Windgeschwindigkeit am vorgesehenen Standort sollte bei Windanlagen im Landesinneren nicht allzu optimistisch eingeschätzt bzw. überschätzt werden. Sie liegt oft unterhalb von 3 m/s – wobei der Begriff *„häufig"* als solcher richtig verstanden werden sollte. Die meisten Propeller-Windgeneratoren bringen oft nur im Herbst eine brauchbare kontinuierlichere Leistung. Die *Leistungs-Kennlinien* aller Propeller-Windgeneratoren verlaufen ähnlich, wie im *Bild 5.1* dargestellt ist.

Dementsprechend weisen bei allen Windgeneratoren-Typen auch die *Spannungs- und Strom-Kennlinien (Bild 5.2*) darauf hin, daß bei einer niedrigeren Windgeschwindigkeit (im Landesinneren) die tatsächliche Energie-Ausbeute tief unter den theoretischen Parametern liegt.

Die Meinung mancher Laien, daß ein Windgenerator, dessen Windrad *sichtbar* dreht, automatisch auch einen brauchbaren Strom erzeugt, ist falsch. Hier bietet sich ebenfalls der bereits angesprochene Vergleich mit dem Fahrraddynamo an: Wenn das Fahrrad nur langsam fährt und der Dynamo-Rotor demzufolge nur langsam dreht, leuchten die Fahrradlampen nicht.

An einem windarmen Standort sollte daher bevorzugt ein langsam laufendes Windrad (ein „Langsamläufer") – z.B. nach *Bild 19.4 bis 19.6 / Kap. 19 – eingesetzt* werden. In Kombination mit drei oder vier preiswerten Fahrrad-Dynamos kann so ein Eigenbau-Windgenerator eine ausreichend hohe *Ladespannung* und einen *Ladestrom* von bis zu 0,5 A liefern (vorausgesetzt, das Windrad ist groß genug).

Ein solches „Mini-Kraftwerk" ist in Hinsicht auf die Kontinuität des Nachladens eines 12 V-Akkus oft effizienter, als so mancher teure „Kraftprotz", der beispielsweise für eine theoretische Leistung von 100 Watt ausgelegt ist, aber bei einer Windgeschwindigkeit von 4 m/s nur eine Spannung von etwa 10 Volt liefern kann. Dies dürfte evtl. nur für den Direktantrieb einer kleinen Wasserpumpe genutzt werden (oder zum Nachladen eines 6 V-Akkus).

Bemerkung: Vom Konstruktionsprinzip her gibt es sowohl Wechselstrom- wie auch Gleichstrom-Windgeneratoren. Die meisten Windgeneratoren sind als Wechselstrom-Generatoren ausgelegt. Der Gleichrichter ist da entweder im Generator selbst oder erst im Laderegler untergebracht. Daher ist darauf zu achten, daß zu dem Windgenerator ein passender Laderegler gekauft wird.

6 Aufstellen und Montage eines Windgenerators

Alle Windgeneratoren sind normalerweise so konstruiert, daß sie sich – wie eine Windfahne – automatisch nach der jeweiligen Windrichtung ausrichten, oder daß sie ohne Rücksicht auf die Windrichtung drehen und Strom erzeugen können.

Zu der ersten Kategorie gehören Windgeneratoren mit horizontaler Achse (mit propellerartigen bzw. windmühlenartigen Windrädern), zur zweiten Kategorie gehören Windgeneratoren mit vertikaler Achse (z.B. Savonius- oder Darrieus-Systeme).

Propellerartige Windgeneratoren werden üblicherweise auf einen Mast angebracht, der meistens auf dem Boden (*Abb. 6.1/6.2*), manchmal aber auch am Hausgiebel oder auf dem Dach eines Gebäudes montiert und verankert ist.

Das Windrad sollte im Optimalfall (theoretisch) so hoch aufgestellt werden, daß es alle Hindernisse um mindestens 10 Meter überragt. Diese Bedingung läßt sich jedoch bei kleineren Windgeneratoren nur selten erfüllen. Abgesehen von dem technischen Aufwand, der mit der Konstruktion eines entsprechend hohen (und dabei ausreichend stabilen) Mastes verbunden ist, kann auch der architektonische Aspekt von einer solchen Lösung abraten.

Oft gibt man sich daher mit einem Kompromiß zufrieden, und stellt den Windgenerator einfach so auf, daß er zufriedenstellend arbeiten kann. Kleinere Windgeneratoren können auch ohne Mast direkt am Giebel oder sogar im Dach integriert werden.

Windräder mit vertikaler Achse werden oft direkt auf der Erde aufgestellt oder am Dach eines Gebäudes (nach *Abb. 6.3*) angebracht und benötigen keinen Mast.

Bei der Verankerung eines Windgenerators sollte (bereits im Planungsstadium) die Windkraft nicht unterschätzt werden. Im Gegensatz zu einer Fernsehantenne ist z.B. bei einem Propeller-Windgenerator der aerodynamische Widerstand des Windrades wesentlich höher.

Um ein genaueres Bild darüber zu bekommen, mit welcher Kraft der Wind gegen so ein Windrad drücken wird, muß man sich den ganzen Kreis, den der drehende Propeller umschreibt, als eine volle Scheibe vorstellen. Der Vergleich mit einer Satellitenschüssel desselben Durchmessers liegt hier am nähesten.

Satellitenschüsseln werden jedoch nur selten erhöht auf einem Mast montiert und sind zudem üblicherweise von einer Mauer geschützt oder schmiegen sich eng an ein Dach an. Ein Windgenerator muß dagegen dem Wind gezielt so ausgesetzt werden, daß er „in guten wie in schlechten Zeiten“ seine volle

Bild 6.1 Ein kleiner Windgenerator begnügt sich mit einem kleinen Mast, der mit einigen Stahlseilen verankert ist (Marlec Engineering Ltd./Conrad Electronic)

Kraft oder volle Wucht auffängt – was ja mehr oder weniger der Sinn der Sache ist.

Für das Aufstellen von kleineren Windgeneratoren im Freien (am Boden) werden in den meisten Fällen Stahlmaste nach Abb. 6.1 angewendet (sie sind auch bei vielen Bausätzen als Zubehör erhältlich). Diese relativ preiswerte Lösung hat jedoch den Nachteil, daß die Verankerungs-Seile ziemlich viel Platz beanspruchen und oft sehr im Wege stehen. Abgesehen davon müssen die Stahlseile in der Erde sehr gut verankert werden. Bevorzugt an ausreichend tief einbetonierten Ankerhaken, deren Betonfundamente ihre Sohlen in frostfreier Tiefe (von ca. 1 m) haben.

Als ein gartenarchitektonisches Schmuckstück kann so eine Konstruktion nicht unbedingt angesehen werden. In der Hinsicht ist eine Mastkonstruktion nach Abb. 6.2 vorteilhafter (sie ist ebenfalls als Bausatz erhältlich).

Bild 6.2 Für größere Windgeneratoren liefern die meisten Hersteller auch Bausatz-Masten, die sehr stabil sind und keine zusätzliche Verankerung – bzw. nur eine Verankerung in der Hauptwindrichtung – benötigen (Foto Aero-Craft)

Wenn hier der Mast stabil genug (und nicht zu hoch) ausgelegt ist, benötigt er keine zusätzlichen Verankerungs-Seile, aber dagegen wiederum ein gutes Betonfundament, dessen Sohle ebenfalls in frostfreier Tiefe stehen muß.

So ein Betonfundament wird „professionell" einfach als ein massiver Betonblock erstellt, in dessen obere Hälfte der Mast (bzw. sein Unterteil) einbetoniert wird.

Der hierfür benötigte Erdaushub läßt sich leicht eigenhändig bewältigen (eine sehr gesunde Alternative zum Fitneß-Studio). Das eigentliche Betonieren gehört zu den einfachsten Arbeiten, für die man normalerweise keinen Fachmann benötigt.

Wenn der Beton direkt vom Betonauto eines Betonlieferanten in das Fundamentloch einfach hineingeschüttet werden kann, ist das ganze Betonieren ein Kinderspiel. Wenn das

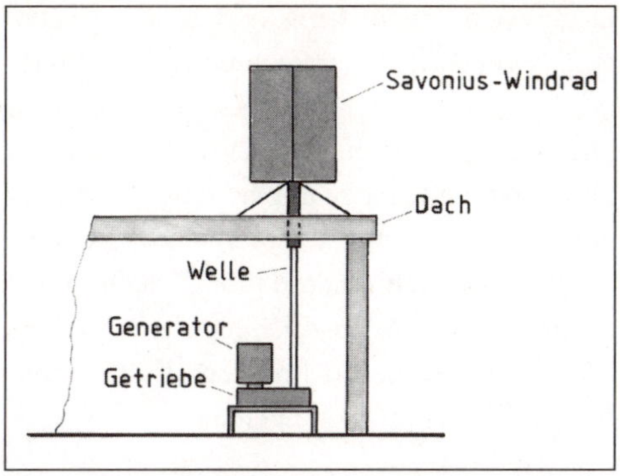

Bild 6.3 Wenn ein Savonius-Windrad am Dach montiert wird, kann sein Generator mit Getriebe unten im Gebäude (bzw. im Keller) leicht zugänglich und wettergeschützt untergebracht werden.

Fundamentloch für ein schweres Betonauto unzugänglich ist, kommt ein Schubkarren zum Einsatz.

Ein Fundament von „brutto" 1 m^3 (=1000 Liter) wird praktisch etwa 1100 l Beton brauchen (die zusätzlichen 100 l entfallen auf den Sockelteil, der noch ca. 10 cm über den Boden herausragen sollte). Das sind theoretisch 22 volle 50-Liter-Schubkarren mit Beton. Praktisch werden es etwas mehr sein; vor allem dann, wenn man den Beton bergaufwärts transportieren muß.

Wer sich mit Hilfe eines kleinen Betonmischers seinen Beton selber mischen kann, erleichtert sich die Sache erheblich. Er wird wohl Sand, Schotter und Zement auch mit dem Schubkarren zum Fundamentloch (an dem der kleine Betonmischer aufgestellt wird) transportieren müssen. Sand und Schotter können hier aber in beliebig kleinen körperschonenden Dosierungen auch etliche Tage vor der Betonierung (bzw. vor dem Fundamentaushub) langsam „angeliefert" werden. Wasser transportiert der Gartenschlauch.

Nebenbei: Fertigbeton ist auf Kundenwunsch mit einem chemischen Verzögerer des Härteprozesses erhältlich. Man kann sich dann beim Betonieren wesentlich mehr Zeit lassen. So steht man nicht während der Arbeit mit angeliefertem Fertigbeton unter Streß.

Hier wäre darauf hinzuweisen, daß Beton keinesfalls als eine Art Klebstoff zu betrachten ist. Daher sollte das Betonieren immer in einem Zug erledigt werden. Unterbrechungen, die länger als ca. 4 Std. im Sommer und ca. 16 Std. während der kühleren Jahreszeit dauern, können zur Folge haben, daß sich die einzelnen Betonschichten nicht gut miteinander verbinden.

Die eigentliche Montage des Windgenerators samt seines Windrades kann bei kleineren Windgeneratoren noch am Boden stattfinden. Erst danach wird der Mast mit Hilfe von Seilen und evtl. Seilwinden aufgestellt. Ein kleiner elektrischer Seilhebezug (der geleast werden kann) leistet bei so einem Vorhaben sehr wertvolle Dienste.

Bei einer Montage des Windgenerators an dem Hausgiebel entfällt das Problem des Fundamentes und die eigentliche Verankerung läßt sich bei etwas Glück bewerkstelligen – vorausgesetzt, der Giebel ist ausreichend stabil.

Das Anbringen eines Windgenerators auf einem Hausdach kann dagegen zu einer sehr komplizierten Angelegenheit werden, der man – soweit es andere Alternativen gibt – lieber aus dem Wege gehen sollte. Insbesondere dann, wenn es sich um ein moderneres wärmeisoliertes Hausdach handelt, an dem jeder Seilhalter einen kostspieligen Eingriff in die kompakte Dachhaut bedeutet.

Jeder kleinste zusätzliche Eingriff in eine intakte Dachhaut hat üblicherweise zur Folge, daß danach Wasser und Schnee durch das Dach nach innen dringen. Oft auch dann, wenn es ein erfahrener Fachmann durchführt.

Die meisten Anbieter von Windgeneratoren können ihren Kunden alle benötigten Montagematerialien optional liefern bzw. Bezugsquellen mitteilen. Zudem gibt es auch in den Baumärkten eine ausreichende Auswahl an Montagewinkeln, Lochplatten, Balkenschuhen und anderem Montagematerial.

Elektrische Installation

Soweit eine Windgenerator-Anlage nur mit einer Gleichspannung von maximal 120 Volt oder einer Wechselspannung von höchstens 50 Volt arbeitet, fällt sie unter eine sogenannte „Kleinspannungsanlage“ und unterliegt KEINEM Vorschriftszwang.

Kleinere „nicht netzgekoppelte“ Windgeneratoranlagen (Inselanlagen) werden – ähnlich wie solarelektrische Anlagen – bevorzugt nur für eine 12-Volt- oder 24-Volt-Gleichspannung ausgelegt und fallen somit unter Kleinspannungs-Anlagen. Bei diesen dürfen für die Installations- und Montagezwecke im Prinzip beliebige Elektromaterialien und Geräte angewendet werden.

Hier wäre noch zu erwähnen, daß derartig niedrige Versorgungsspannungen zwar vom elektrotechnischen Standpunkt her relativ ungünstig sind (weil da in den Leitungen zu große Energieverluste entstehen), sie jedoch den Vorteil haben, daß es viele handelsübliche 12-V- und 24-V-Gleichspannungsverbraucher auf dem Markt gibt (u.a. als Auto- oder Campingzubehör). Auch diverse spezielle energiesparende Leuchten oder andere Verbraucher, die für die Solarelektrik (Photovoltaik) angeboten werden, sind für eine Versorgungsspannung von 12 oder 24 Volt ausgelegt.

Auf drei wichtige Aspekte muß bei dieser „Kleinspannung“ aber geachtet werden:

a) Niederspannungsverbraucher haben eien wesentlich höheren Strombedarf, als die gängigen Netzstrom-Geräte (bei 12-V-Verbrauchern ist der Stromverbrauch ca. 19mal höher, als bei vergleichbaren

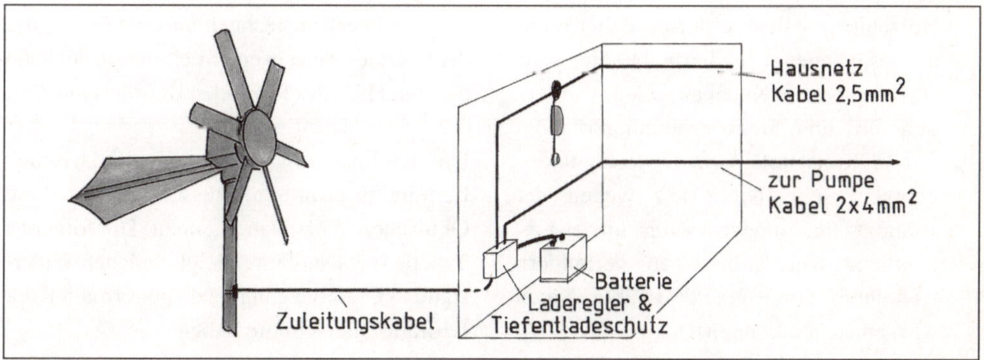

Bild 7.1 Installationsbeispiel einer kleinen Windenergie-Anlage mit Leitungsquerschnitten; Bei dem Leitungsquerschnitt des Zuleitungskabels kann bei Generatoren für Inselanlagen nur der erforderliche Ladestrom der Dimensionierung zugrunde gelegt werden. Hier wird bei kleineren Generatoren ein Querschnitt von 2,5 bis 4 mm^2 ausreichen.

230-V-Verbrauchern gleicher Leistung). Die Leitungsdurchmesser müssen daher entsprechend größer und die Kontakte der Schalter und Stecker müssen für angemessen hohe Strombelastung ausgelegt sein (gut eignen sich hier z.B. auch Autoelektrik-Bauteile, die ja denselben Anforderungen gerecht werden).

b) Für eine niedrigere Spannung sollte man auf keinen Fall Steckdosen oder Kabel-Steckverbindungen verwenden, die in 230 Volt-Wechselspannungs Installationen verwendet werden. Das hätte zu Folge, daß diverse Kleinspannungs-Verbraucher dieselben Stecker wie normale Netzgeräte bekämen und versehentlich irgendwann in eine 230-V-Steckdose eingesteckt werden könnten.

c) Auch eine Niederspannung kann Brand verursachen. Als Schwachstellen sind hier vor allem schlechte (lockere) Schraubverbindungen anzusehen. Alle Leitungen, die auf einem leichter entflammbaren Material – wie z.B. auf Holzbalken – liegen, dürfen daher nicht als lose liegende isolierte Drähte, sondern müssen als Kabel ausgelegt werden. Schraub- und Steckverbindungen müssen in Kunststoff-Abzweigdosen untergebracht sein. Nicht nur wegen der Brandgefahr, sondern auch um versehentliche Kurzschlüsse zu verhindern (die durch darauffallende Drähte, Nägel usw. entstehen können).

Für die Elektroleitungen der Windgeneratoren-Installation eignen sich alle gängigen Materialien, deren sich der Elektroinstallateur bei Hausinstallationen oder der KFZ-Elektriker bei den Autoelektrik-Installationen bedient.

Die Querschnitte der Installationsdrähte oder Kabel richten sich nach der vorgesehenen maximalen Stromabnahme und werden in mm^2 angegeben. Für kürzere Leitungen der Beleuchtung oder für Elektro-Kleingeräte (zu denen auch ein kleinerer Fernseher gehört) genügt ein einheitlicher Leitungsquerschnitt von 2,5 mm^2. Haupt-Zuleitungen, besonders lange Leitungen oder Zuleitungen zu evtl. „stromfressenden" Verbrauchern sollten mit etwas großzügiger gewählten Querschnitten durchgeführt werden.

Abb. 7.1 zeigt informativ, welche Querschnitte bei kleineren Anlagen empfehlenswert sind. Je größer der Durchmesser eines Leiters (Drahtes) ist, desto kleiner ist sein Ohmscher Widerstand und dadurch sind auch die Spannungs- und Leistungsverluste in der Leitung niedriger.

Wer sich schnell und einfach (mit dem Taschenrechner) ausrechnen möchte, wie groß der Energieverlust in einer Leitung ist, der kann dies mit Hilfe des folgenden Beispiels machen.

Um den Spannungsverlust einer elektrischen Leitung zu ermitteln, müssen wir erst ihren Ohmschen Widerstand kennen. Die folgende Tabelle (nächste Seite) zeigt, welchen Widerstand in Ohm die gängigsten genormten Kupferdraht-Querschnitte haben.

Diese Querschnitte beziehen sich sowohl auf Drähte, wie auf flexible Leitungen. Drähte und Kabel mit „festen Kupferleitern" sind

Kupferdraht-Querschnitt in mm²:	Ohmscher Widerstand pro 10 m Länge:
0,75	0,232 Ohm
1	0,178 Ohm
1,5	0,117 Ohm
2,5	0,07 Ohm

Kupferdraht-Querschnitt in mm²:	Ohmscher Widerstand pro 10 m Länge:
4	0,045 Ohm
6	0,03 Ohm
10	0,0175 Ohm
16	0,0112 Ohm

preiswerter als flexible Leitungen, und werden deshalb bei „unbeweglichen" Verbindungen bevorzugt angewendet.

Mit Hilfe des Ohmschen Gesetzes läßt sich bei den Planungsüberlegungen leicht und schnell ausrechnen, wie hoch der Spannungsverlust bei einer Leitung sein wird.

Das folgende Beispiel zeigt hier den ganzen rechnerischen Vorgang: Angenommen, die in Abb. 7.1 eingezeichnete Zuleitung zu einer 12 V/5 A-Brunnenpumpe ist 20 m lang. Der Strom fließt allerdings immer im Kreis von dem Akkumulator in die Pumpe und wieder zurück. Daraus ergibt sich eine Leitungslänge von 40 m (beide Leitungswege müssen hier berücksichtigt werden).

Die Betriebsspannung der Pumpe (12 V) hat für die Ermittlung des Spannungsverlustes in der Leitung keine Bedeutung. Nur der Nennstrom der Pumpe (5 A) und der Widerstand der Leitung (in Ohm) sind für den Spannungsverlust maßgeblich.

Wir haben in unserem Schaltbeispiel in Abb. 7.1 eine 4-mm²-Zuleitung eingezeichnet. Laut der vorhergehenden Tabelle beträgt der Widerstand einer 4-mm²-Leitung 0,045 Ohm pro 10 m Länge. Unsere Leitung ist 40 m lang, also müssen wir den tabellarischen Widerstand mit 4 multiplizieren. Das ergibt einen Leitungswiderstand von 0,18 Ohm (0,045 Ohm x 4 = 0,18 Ohm).

Mit Hilfe des Ohmschen Gesetzes rechnen wir den Spannungsverlust folgendermaßen aus:

Strom in der Leitung in Ampere (A) x Leitungswiderstand in Ohm (Ω)
= Spannungsverlust in der Leitung in Volt (V).

Das ergibt hier 5 A (Pumpen Nennstrom) x 0,18 Ohm (Leitungswiderstand)
= 0,9 Volt (als Spannungsverlust in der Leitung)

Somit bekommt unsere Elektropumpe nicht die optimale 12-V-Spannung, sondern theoretisch nur 11,1 V – vorausgesetzt, die Spannung des Anlagen-Akkumulators beträgt genau 12 V. In Wirklichkeit bewegt sich die Spannung eines 12-V-Akkumulators zwischen ca. 13,6 (wenn er voll aufgeladen ist) und ca. 10,5 V, wenn er bis an seine zugelassene Untergrenze entladen ist. Man rechnet aber normalerweise nur mit der Nennspannung (in diesem Fall also mit den 12 V).

Der Spannungsverlust von 0,9 V ist hier in Hinsicht auf die niedrige 12-V-Versorgungsspannung relativ hoch.

Sehen wir uns aber einmal an, inwieweit sich der Spannungsverlust in einer 6 mm^2 Leitung verringert. Der Ohmsche Widerstand einer 10 m langen Leitung beträgt hier (laut vorhergehender Tabelle) nur 0,03 Ohm; das sind 0,12 Ohm pro 40 m. 0,12 Ohm x 5 A = 0,6 V. Hier ist also der Spannungsverlust etwas niedriger, aber – wie man so schön sagt – davon wird das Kraut nun auch nicht fett. Also könnten wir es ruhig bei den 4 mm^2 Leitern belassen.

Andererseits würde das Ergebnis sehr unbefriedigend ausfallen, wenn wir z.B. für die Pumpenzuleitung nur ein Kabel mit 1,5 mm^2 Leitern verwenden würden. Die Leitung hätte da einen Widerstand von (0,117 x 4 =) 0,468 Ohm; Multipliziert mit 5 A ergibt es einen Spannungsverlust von 2,34 V. Der Pumpenmotor würde hier eine zu niedrige Betriebsspannung erhalten und typenabhängig bestenfalls nur etwa die Hälfte seiner Nennleistung erbringen.

Der Leistungsverlust wird mit Hilfe folgender Formel ausgerechnet:

Spannung (in V) x Strom (in A) =
= Leistung in Watt (W).

In unserem Fall geht es um die Verluste, für die wir als „Spannung“ die errechnete „Verlustspannung“ einsetzen müssen. Das wären

0,9 V x 5 A = 4,5 Watt (an Verlustleistung bei einer 4 mm^2-Leitung)
oder 0,6 V x 5 A = 3 Watt an Verlustleistung bei einer 6 mm^2-Leitung
oder 2,34 V x 5 A =11,7 Watt an Verlustleistung bei einer 1,5 mm^2-Leitung.

Auf diese Weise kann man sich selber ausrechnen, welcher Leitungsquerschnitt (auch in Hinsicht auf den Preisvergleich) jeweils Vorrang hat.

Wenn Sie Schalter, Stecker oder andere derartige Bauteile der Unterhaltungselektronik oder PC-Technik einsetzen, achten Sie darauf, mit welchen Strombelastungen zu rechnen ist. Die meisten dieser Produkte sind ja nur für eine niedrige Strombelastung ausgelegt (was an diversen Wippschaltern vom Hersteller angegeben ist).

Die gängigen Lichtschalter für „normale“ Wohnungs-Elektroinstallationen sind für einen Strom (Wechselstrom) von 10 A ausgelegt und können daher auch als Lichtschalter in 12-V- oder 24-V-Hausnetzen eingesetzt werden.

Ein 12-V- oder 24-V-Stromstoßschalter nach *Abb. 7.2* hat den Vorteil, daß man ihn auch mit kleinen preiswerten Elektronik-Tastern von beliebig vielen Stellen aus schalten kann. Er arbeitet mit dem „Kugelschreiberprinzip“: Jeder Impuls schaltet den Kontakt von dem einen in den anderen Betriebsstand um.

Sicherungen und Sicherungsautomaten:

An vielen Ladereglern ist bereits eine Hauptsicherung an den Verbraucher-Anschlußklemmen angebracht. Andernfalls muß sie zusätzlich zwischen den Ausgang vom Tiefentladeschutz und den angeschlossenen Verbraucher eingesetzt werden. Ansonsten würde die Batterie bei einem Kurzschluß

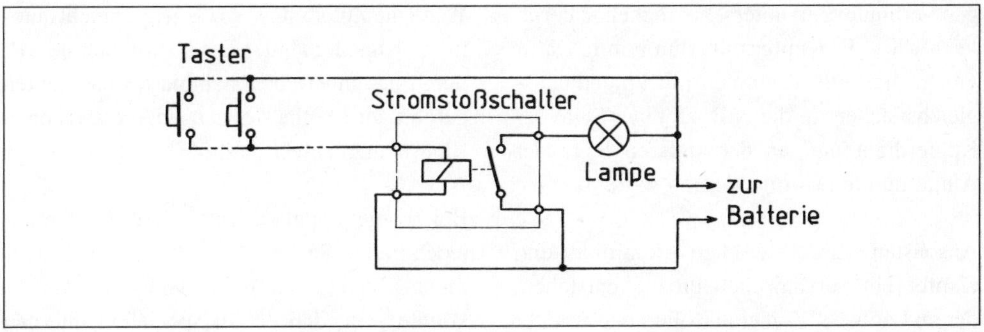

Bild 7.2 Ein Stromstoßschalter ermöglicht das Ein- und Ausschalten der Lampe(n) von beliebig vielen Stellen aus (mit beliebig vielen Tastern)

vernichtet. Bedarfsbezogen können einzelne Verbraucher oder einzelne Leitungs-Sektionen – ähnlich wie im Auto – mit separaten Sicherungen geschützt werden.

Zu diesem Zweck dürfen beliebige Sicherungen (auch Elektronik- oder Autosicherungen), wie auch Sicherungsautomaten verwendet werden. Sie sollen möglichst nahe an dem Akkumulator installiert werden.

Blitzschutz

Windgeneratoren benötigen einen Blitzschutz, mit dem alle elektrisch leitenden Konstruktionsteile gut verbunden sein sollten. Soweit es sich um einen kleineren Windgenerator handelt, der direkt am Haus bzw. in der Nähe des Hauses steht, kann er an die bestehende Blitzschutzleitung des Hauses angeschlossen werden.

Gesetzlich vorgeschrieben ist der Blitzschutz an privaten Anlagen nicht. Falls man ihn jedoch ganz unterläßt, kann der Blitz an der Anlage viel Schaden anrichten, bzw. das ganze Objekt in Brand setzen.

Einen Blitzschutz anzubringen, ist an sich kein Problem. Ein einfacher verzinkter Staberder wird wie ein Pfahl in den Boden eingeschlagen und mit dem Stahlmast (oder einer anderen Tragekonstruktion) leitend verbunden. Solche Staberder sind entweder als runde Stangen oder als Kreuzprofil-Erder (mit einem Profil von z. B. 50 x 50 x 3 mm), in Längen zwischen etwa 1 m und 3 m erhältlich (beim Elektro-Fachhandel).

Als Blitzableiterdraht (Runddraht) wird entweder ein feuerverzinkter Stahldraht, Aluminiumdraht oder ein Kupferdraht mit einem Durchmeser von 8 bis 10 mm verwendet (soweit bei einer netzgekoppelten Anlage der Stromlieferant nicht auf einen noch größeren Durchmesser besteht).

Für den Blitzschutz führt der Fachhandel eine Vielzahl von verschiedensten Montagematerialien wie Klemmen, Leitungshalter, Verbinder, Regenrohrschellen usw., die eine spielend leichte Montage ermöglichen.

Das einzige, worauf Sie bei der Montagearbeit achten sollten, sind die galvanisch richtigen Verbindungen unterschiedlicher Materialen – wie z. B. Kupfer mit Aluminium. Dafür gibt es spezielle Klemmen mit Potentialausgleichsflächen, in die z. B. an einer Seite der Kupferdraht und an der anderen Seite der Aluminiumdraht eingeklemmt wird.

Ansonsten würde zwischen Aluminium und Kupfer ein galvanischer Prozeß entstehen, der im Laufe der Zeit eine isolierende Schicht bildet und somit die Verbindung unterbricht. Wer hier von vornherein nur gleiches Verbindungsmaterial verwendet – z. B. nur feuerverzinkten Stahl – geht derartigen Problemen aus dem Weg.

Wenn die Zuleitung vom Generator nicht automatisch dadurch blitzgeschützt ist, daß sie z.B. durch das Innere des Stahlmastes nach unten geführt wird, sollte sie auch einen zusätzlichen Blitzschutzmantel (Stahlrohr) erhalten.

Bei netzgekoppelten Anlagen sollte man auf jeden Fall in Sache „Blitzschutz" den zuständigen Stromlieferanten konsultieren. Es könnte sein, daß er auf speziellen internen Verordnungen besteht (die nicht bundesweit einheitlich sind).

Akkumulatoren als Energie-Zwischenspeicher

Für Windgeneratorenanlagen, die „selbstversorgend" arbeiten sollen, ist ein Energiezwischenspeicher unumgänglich. Zu diesem Zweck werden meistens Bleiakkumulatoren verwendet. Ihre Kapazität muß groß genug sein, um längere windarme Perioden überbrücken zu können. Der vorgesehene Windgenerator muß wiederum ausreichend leistungsfähig sein, um den angewendeten Akkumulator auch zufriedenstellend nachladen zu können (in Kap. 11 bis 13 wird noch an praktischen Beispielen erklärt, wie man so etwas konkret erzielt).

Als die gängigsten Bleiakkumulatoren sind uns die Autobatterien und Motorradbatterien bekannt. Daneben gibt es auch noch Akkumulatoren für den Modellbau, Rollstuhlakkumulatoren, spezielle „Solar-Akkumulatoren", Akkumulatoren für Batterieräume in Krankenhäusern, Elektrozentralen usw.

Nebenbei: Die Bezeichnung „Akkumulator" (abgekürzt auch „Akku") oder „Batterie" bedeutet im Sprachgebrauch dasselbe. Strikt genommen wäre zwar die Bezeichnung „Batterie" nur dann angebracht, wenn es sich um mehrere Glieder in einer Umhüllung handelt. Da man aber diese Bezeichnung auch bei einer 1-Glied-Batterie verwendet, erübrigen sich weitere Überlegungen. Nur bei nicht wiederaufladbaren Wegwerfbatterien wird die Bezeichnung „Akkumulator" nicht benutzt.

Eine Autobatterie – die man also auch als einen Auto-Akkumulator bezeichnen darf – ist ein Bleiakkumulator, der für das Auto konstruiert wurde. Bleiakkumulatoren, die für andere Anwendungen ausgelegt sind, unterscheiden sich technisch und optisch von den Autobatterien – bis evtl. auf die Größe – nur geringfügig.

In Akku-Handwerkzeugen oder anderen Kleingeräten werden NiCd (NickelCadmium) oder die umweltfreundlicheren NiMH (Nickel-Metall-Hydrid)- und LiI (Lithium-Ion)-Akkumulatoren verwendet. Sie sind jedoch meistens nur für niedrige Kapazitäten – bis zu etwa 5 Ah – ausgelegt und in Hinsicht auf ihre zu hohen Preise kommen sie als Zwischenspeicher in Windgenerator-Anlagen nur ausnahmsweise in Frage. Somit bleiben für die Normalanwendungen als Zwischenspeicher der Windenergie nur die Bleiakkumulatoren übrig.

Den meisten Autobesitzern ist bekannt, daß Autobatterien auf zu tiefes Entladen sehr allergisch reagieren. Eine Entladung unterhalb von ca. 10,5 V bei einem 12-V-Bleiakkumulator, bzw. unterhalb von ca. 1,75 V bei einem einzelnen 2-V-Glied führt zu einer irreparablen Beschädigung (der Akku kann danach nicht mehr die Spannung halten). Die hier angegebenen „Tiefentladungs-Grenzen" weisen herstellerabhängig Unterschiede auf.

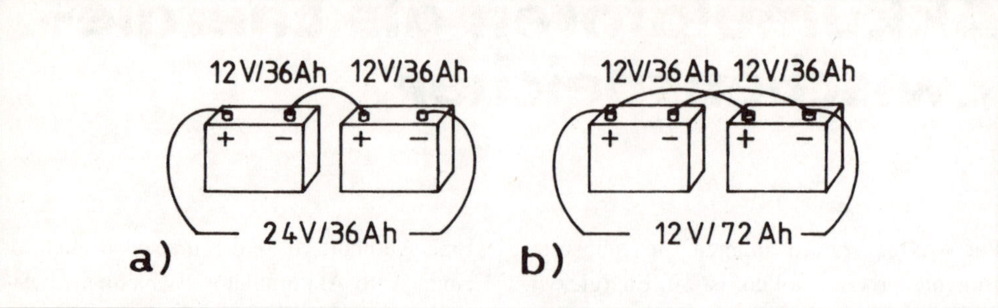

Bild 8.1 a) Wenn zwei oder mehrere Akkumulatoren in Serie (in Reihe) geschaltet werden, addieren sich ihre Einzelspannungen, aber nicht die Kapazitäten; b) Bei der Parallelschaltung addieren sich die Kapazitäten, aber nicht die Spannungen.

Diese Tiefentlade-Empfindlichkeit der Bleiakkumulatoren läßt sich zum Glück einfach und preiswert mit einem zusätzlichen Tiefentladeschutz auffangen. Er schaltet – ähnlich wie eine automatische Sicherung – alle Verbraucher ab, wenn die Spannung des Akkumulators in die Nähe der gefährlichen Minimumgrenze sinkt und schaltet sie automatisch erst dann wieder zu, wenn der Akkumulator wieder auf einen vorgegebenen Wert nachgeladen wurde.

Die meisten Bleiakkumulatoren sind für Spannungen von 6 Volt oder 12 Volt ausgelegt. Um eine beliebig hohe Spannung zu erhalten, können einfach mehrere Akkumulatoren seriell (nach *Abb. 8.1a*) geschaltet werden – wie es auch bei anderen Batterien üblich ist. Ist eine höhere Kapazität erwünscht, als ein einzelner Akkumulator bietet, können mehrere Akkumulatoren parallel (nach *Abb. 8.1 b*) verschaltet werden.

In beiden Fällen sollten nur Akkumulatoren derselben Marke und Ausführung verwendet werden (die natürlich auch dieselbe Spannung und Leistung aufweisen). Ansonsten kann es zu einer unausgewogenen Ladung kommen.

Wichtig: Bevor zwei oder mehrere Bleiakkumulatoren parallel miteinander verbunden werden, müssen ihre Spannungen möglichst gleich hoch sein. Bei kleineren Akkumulatoren (bis ca. 100 Ah) genügt es, wenn sie einfach beide (bzw. alle) gut aufgeladen sind. Andernfalls ist eine vorhergehende Spannungskontrolle (mit einem Voltmeter) notwendig, denn zu große Spannungsunterschiede verursachen beim Anschließen einen unerwünschten Stromstoß, der die Elektroden des Akkumulators beschädigen kann.

Die Kapazität der handelsüblichen Bleiakkumulatoren liegt im Bereich zwischen ca. 1 Ah und 400 Ah (die meisten Autobatterien weisen typenbezogen Kapazitäten zwischen ca. 36 Ah und 100 Ah auf).

Unter dem Begriff Kapazität versteht sich der energetische Inhalt des Akkumulators (der bis zum nächsten Nachladen zur Verfügung steht abzüglich der Selbstentladung). Kapazität wird in Ah (Amperestunden) angegeben und hat somit nur mit dem eigentlichen Stromverbrauch (nicht mit der Spannung) etwas zu tun.

Das „Ah" können wir uns einfach als einen Multiplikant von Ampere x Stunden vorstellen. Wenn ein Akkumulator zum Beispiel eine Kapazität von 50 Ah hat, bedeutet es, daß er beispielsweise:

- 50 Stunden lang einen Strom von 1 A (50 St. x 1 A = 50 Ah)
- oder 100 Stunden lang einen Strom von 0,5 A (100 Std. x 0,5 A = 50 Ah)
- oder 10 Stunden lang einen Strom von 5 A (10 Std. x 5 A = 50 Ah)

liefern kann, bevor er leer ist (etwas vereinfacht berechnet).

In der Praxis wird oft ein zusätzlicher elektronischer Tiefentladeschutz zur Sicherheit etwas eher alle Verbraucher abschalten, bevor die theoretische Kapazität des Bleiakkumulators voll verbraucht wird. Wann dies geschieht, kann herstellerabhängig bzw. abhängig von den Toleranzen der eingestellten Abschaltgrenze etwas variieren.

Unter Umständen kann die tatsächliche Nutzkapazität eines Bleiakkumulators mit Tiefentladeschutz bis zu 20% unterhalb seiner theoretischen Nennkapazität liegen. Bei der Anschaffung des Akkumulators sollte daher gleich einer dementsprechend größeren Kapazität Vorrang gegeben werden.

Bei einem normalen Bleiakkumulator, wie auch bei einer Autobatterie interessieren den Anwender oft nur vier Parameter: die Spannung, die Kapazität, die Abmessungen und der Preis. Die meisten anderen technischen Parameter bleiben üblicherweise ziemlich unberücksichtigt und gehen aus den normalen technischen Unterlagen nicht einmal hervor.

Wenn es sich dagegen um einen Energiespeicher für Windgeneratoranlagen (oder Solaranlagen) handelt, wird in der Fachliteratur fast ausschließlich über „Solarbatterien" geschrieben (die man genausogut als „Windgeneratorbatterien" bezeichnen könnte).

Man wird mit Recht die Frage stellen, weshalb nun ausgerechnet der Energiespeicher eines Windgenerators (oder einer photovoltaischen Anlage) nicht aus einer bzw. aus mehreren normalen Autobatterien bestehen kann.

Die Antwort ist einfach: Er kann es wohl und sogar völlig problemlos. Wir haben ja schon darauf hingewiesen, daß die ganze Anlage eines Windgenerators ziemlich identisch mit der elektrischen Anlage im Auto ist. Es spricht also absolut nichts dagegen, daß hier jede beliebige Autobatterie als Energiespeicher verwendet werden kann.

Wozu dann der Umstand mit speziellen (und teuren) „Solarbatterien"?

Solche speziellen Batterien weisen (mehr oder weniger) gegenüber den normalen Autobatterien einige Vorteile auf, die besonders bei professionellen Anlagen sehr willkommen sind:

- Niedrigere Selbstentladung;
- Höherer Wirkungsgrad;
- Höhere Strapazierfähigkeit beim Laden bzw. Überladen;
- Tiefer liegende Tiefentladeschwelle;

- Höhere Unempfindlichkeit gegenüber Einfrieren des Elektrolyten;
- Längere Lebensdauer.

Der technische Standard heutiger Autobatterien ist jedoch als „sehr ausgereift" zu bezeichnen. Sie sind leistungsfähig, strapazierfähig, weisen eine relativ lange Lebensdauer auf und werden zudem gegenüber den „echten" Solarbatterien für sehr günstige Preise angeboten (soweit man sich nicht zu einem Autohändler mit teuren Image-Automarken verirrt).

Echte „Solarbatterien" kosten im Schnitt etwa das Drei- bis Vierfache einer normalen Autobatterie. Es bleibt eine reine Ermessensfrage, ob man ihnen Vorrang vor normalen Autobatterien geben will.

Bei der Planung einer kleineren Windenergie-Anlage braucht man sich nicht unbedingt den Kopf über zu viele spezielle Parameter der Batterien zu zerbrechen. Anderseits sollte man einige der wichtigeren Eigenheiten dieses Energie-Zwischenspeichers zu verstehen lernen. Das erleichtert viele Planungsüberlegungen. Wir nehmen daher einige der wichtigeren technischen Parameter unter die Lupe.

Selbstentladung

Jede Batterie leidet unter einer sogenannten Selbstentladung. Sie beträgt bei guten Autobatterien etwa 4,5% bis 8% pro Monat, bei guten „Solarbatterien" weniger als 3% pro Monat (als Energieverlust). So sinkt z.B. die Kapazität einer voll aufgeladenen 100 Ah-Batterie nach einem Monat „automatisch" auf 92 bis 97 Ah herab, auch wenn sie nur im Regal stand. So schlimm ist diese Schwachstelle zwar nicht, aber bei der Planung sollte sie dennoch mitberücksichtigt werden (siehe hierzu Kap. 11 bis 13).

Ladeverluste

Beim Laden einer normalen Autobatterie bleiben bis zu 20% der zugeführten Energie als Ladeverluste „auf der Strecke". Bei einer guten „Solarbatterie" können die Ladeverluste unterhalb von 10% liegen (was allerdings herstellerbezogen unterschiedlich ist). Wir rechnen in unseren Planungsbeispielen einheitlich mit Ladeverlusten von 20%.

Strapazierfähigkeit beim Laden und Tiefentladen

Den benötigten Ladestrom (Gleichstrom) liefert direkt der Windgenerator (oder sein Gleichrichter) in exzellenter Qualität – allerdings nicht immer in der Höhe und Menge, die technisch erwünscht wären, denn hier hat der Wind Mitspracherecht.

Bei einem normalen Laden sollte der Ladestrom nicht 10% der vom Hersteller angegebenen Kapazität (in Ah) überschreiten. Eine 50-Ah-Batterie darf daher mit einem Strom von höchstens 5 A geladen werden. Es darf aber mit einem beliebig niedrigeren Ladestrom geladen werden. Je schwächer der Ladestrom ist, desto länger dauert allerdings das Aufladen oder Nachladen.

Eine völlig „leere“ 50 Ah-Batterie muß beispielsweise 12 Stunden lang (wegen der Ladeverluste von 20%) mit einem Ladestrom von 5 A geladen werden, um wieder voll aufgeladen zu sein. Sie kann jedoch genausogut auch 24 Stunden lang mit einem Strom von nur 2,5 A oder 48 Stunden lang mit einem Strom von nur 1,25 A geladen werden, um wieder voll aufgeladen zu sein.

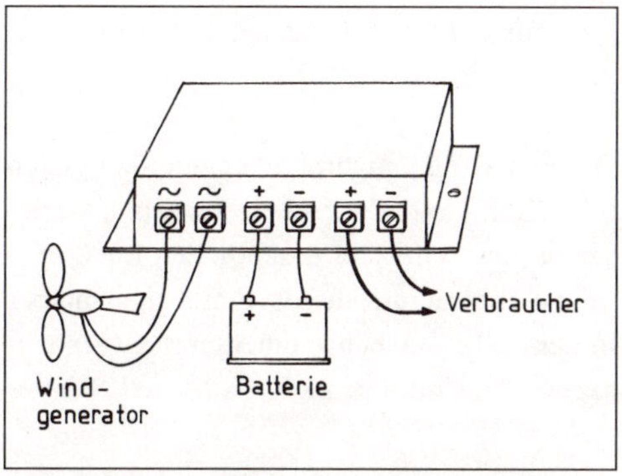

Bild 8.2 Ausführungsbeispiel eines einfachen Windgeneratoren-Ladereglers, der eigentlich nur als ein „Ladegerät“ betrachtet werden kann

Im Prinzip geht es hier um einen ähnlichen Vorgang wie beim Einlassen einer Badewanne: je dünner der Wasserstrahl, desto länger dauert es, bis die Wanne voll ist.

Laderegler

Ein gängiger Laderegler nach *Abb. 8.2* kann zwar eine zu hohe Ladespannung, bzw. einen zu hohen Ladestrom auf vorgegebene Werte reduzieren, aber üblicherweise nicht anheben (technisch ist es zwar möglich, dies wird aber bei kleineren Ladereglern aus Kostengründen noch nicht angewendet).

Je höher die Nennspannung eines Generators ist, desto besser wird der angeschlossene Akkumulator auch bei etwas schwächerem Wind geladen.

Wenn die Nennspannung des Windgenerators wetterbedingt sinkt, sinkt auch der Ladestrom. Daher sollten auch die Nennstrom-Werte des Generators nach Möglichkeit etwas großzügiger dimensioniert sein (auch darauf kommen wir noch zurück).

Frostempfindlichkeit der Bleiakkumulatoren

Alle Bleiakkumulatoren (auch Autobatterien) sind frostempfindlich und ihre Frostempfindlichkeit steigt mit der sinkenden Batteriespannung. Bei einer ziemlich „leeren“ Batterie friert der Elektrolyt leichter ein, als bei einer aufgeladenen Batterie. Beim Auftauen reißt das Akkugehäuse und der Akku ist damit vernichtet (manche „echte“ Solarakkumulatoren sind wesentlich frostunempfindlicher als normale Autobatterien).

Erfahrungsgemäß kommt es in unserem Breitengrad bei einer Autobatterie nicht allzu oft vor, daß sie der Frost vernichtet. Das ist natürlich darauf zurückzuführen, daß eine Autobatterie auch im Winter laufend automatisch (vom Generator im Auto) nachgeladen wird. Bei einer Windgenerator-Anlage kann es manchmal mit dem Nachladen etwas länger dauern. Soweit man hier notfalls eine Batterie nicht an anderer Stelle mit Netzstrom nachladen kann, sollte sie zumindest ein wärmeisolierendes Gehäuse (z.B. aus Styropor) erhalten.

8

Wie wird richtig geladen?

Bleiakkumulatoren fangen zu gasen (zu kochen) an, wenn sich der Ladevorgang dem Ende nähert. Bei einem 12-V-Bleiakku fängt das Gasen an, sobald seine Spannung etwa 14,3 Volt überschreitet.

Ist ein Laderegler so eingestellt, daß er z.B. höchstens 13,6 V an den Akku durchläßt (was meistens der Fall ist), kommt es nicht zu der unerwünschten Gasentwicklung, die ansonsten zur Folge hat, daß ständig destilliertes Wasser nachgefüllt werden muß (soweit es sich nicht um einen ganz speziellen und teuren Bleiakkumulator handelt).

Rein theoretisch ist ein moderner 12-V-Bleiakku erst dann vollgeladen, wenn seine Spannung etwa 14,4 V erreicht hat. Ein Laderegler, der dem Akku bereits bei 13,6 V vorzeitig die Stromzufuhr unterbricht, verhindert damit, daß der Akku jemals in den Genuß eines vollgeladenen Zustandes kommt.

Das macht dem Akkumulator zwar nichts aus, aber dies hat zur Folge, daß seine echte Nutzkapazität in dem Fall nicht seine offizielle Nennkapazität erreicht (was typenabhängig variiert).

Ein 60-Ah-Akku wird dann beispielsweise (ladereglerabhängig) eine Nutzkapazität von z.B. nur ca. 55 Ah erreichen. Soweit man dieses Manko von vornherein bei der Planung mitberücksichtigt, läßt sich damit leben.

Man kann jedoch diesen Aspekt bei der Anlagenplanung auch einfach völlig negieren und dies mit großzügiger berechneten „Durststrecken“ zu den vorgesehenen Ladestunden ausgleichen (was wir bei unseren Planungsbeispielen machen). Es handelt sich hier ohnehin nur um sehr grobe Schätzungen der Windverhältnisse oder Wetterbedingungen.

In der Praxis verläuft ja das Nachladen windabhängig und daher unregelmäßig. Es geht also nur darum, daß letztendlich „die Summe“ stimmt.

Die meisten gängigen Laderegler sind gleich mit einem Tiefentladeschutz kombiniert. Dieser hat zwar mit der eigentlichen Laderegelung nichts zu tun, aber ist einfachheitshalber in demselben Gehäuse untergebracht – sozusagen als „Untermieter“.

Tiefentladeschutz

Beim Kauf eines Ladereglers ist darauf zu achten, ob ein Tiefentladeschutz im Laderegler auch tatsächlich untergebracht ist. Andernfalls ist der Tiefentladeschutz auch als ein separates (kleines) Gerät erhältlich.

Die vom Hersteller eingegebene Spannungsschwelle, bei denen die angeschlossenen Verbraucher vom Tiefentladeschutz automatisch abgeschaltet werden, wird in Prospekten als Entlade-Endspannung oder Entlade-Schlußspannung bezeichnet. Der Tiefentladeschutz schaltet die Verbraucher automatisch erst dann wieder zu, wenn die Akkuspannung auf etwa 12,2 V nachgeladen wurde (das ist die sogenannte Rückschalt- oder Wiedereinschaltschwelle). Bei Ladereglern für 24 V-

Akkus liegen die Schwellen zwischen ca. 22,2 V und 24,4 V.

Zwischen der Abschalt- und der Wiedereinschaltschwelle liegt immer ein größerer Spannungsunterschied. Dies ist technisch dadurch bedingt, daß sich die Spannung eines Akkus nach Abschalten der Belastung immer automatisch etwas erholt und nach oben springt – auch wenn kein Nachladen erfolgte. Wenn der Spannungsunterschied zwischen den zwei Schaltschwellen zu klein wäre, würde der Tiefentladeschutz um die Schaltschwellen ständig hin und her schalten.

Ist der Tiefentladeschutz bereits direkt im Laderegler integriert, dann werden die Verbraucher nicht an die Batterie, sondern an die dafür vorgesehenen Klemmen am Laderegler angeschlossen. Den Anwender muß es da nicht interessieren, auf welche Weise hier die Schaltungen ausgeführt sind. Es ist nur darauf zu achten, daß der Stromverbrauch der

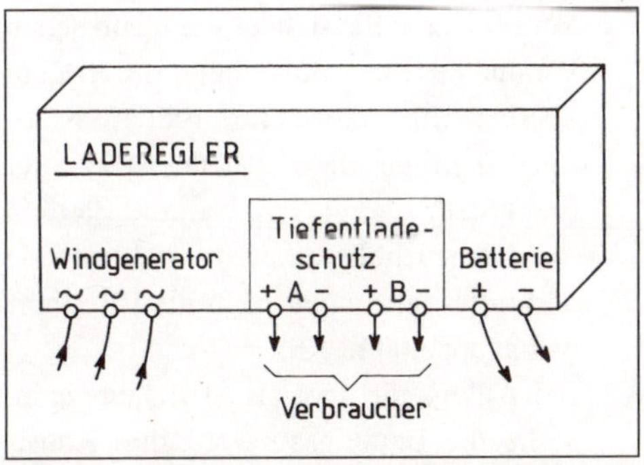

Bild 8.3 Beispiel der Klemmenanordnung eines Ladereglers mit zwei Tiefentladeschutzausgängen; Der Laderegler ist hier für einen Dreiphasen-Wechselstrom-Windgenerator ausgelegt (die von ihm gelieferte Wechselspannung wird im Laderegler gleichgerichtet).

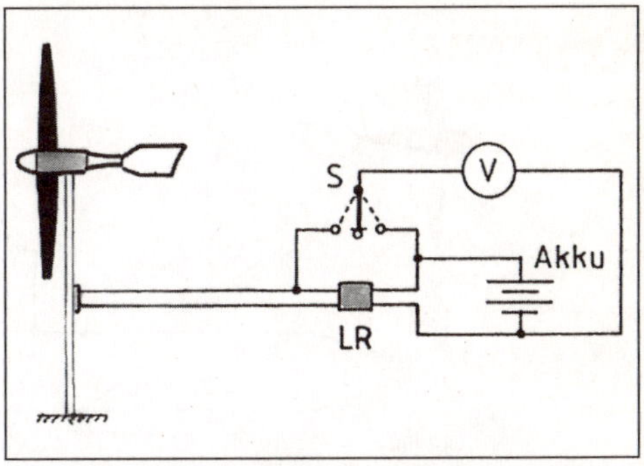

Bild 8.4 Ein zusätzlicher Paneelvoltmeter V ist für die Spannungskontrolle empfehlenswert; Mit Hilfe des Schalters S kann wahlweise die Spannung am Eingang des Ladereglers RL oder am Anlagen-Akku gemessen werden.

angeschlossenen Geräte nicht höher ist, als der Tiefentladeschutz (laut technischen Daten) verkraften kann.

Manchmal kann es von Vorteil sein, wenn der Laderegler über zwei Tiefentladeschutzausgänge verfügt – wie in *Abb. 8.3* dargestellt. Der eine Tiefentladeschutz schaltet etwas eher, der andere etwas später die an ihm angeschlossenen Verbraucher ab. So kann z.B. eine Notbeleuchtung länger eingeschaltet bleiben als die restlichen Verbraucher.

Manche speziellen Verbraucher – worunter z.B. einige „Solar-Kühlschränke" sind mit einem eigenen Tiefentladeschutz bereits vom Hersteller ausgestattet. Andere haben nur einen integrierten Tiefentlade-Alarm und fangen zu piepen an, wenn die Akkuspannung gefährlich gesunken ist.

Es ist von Vorteil, wenn man an die Anlagenbatterie einen Voltmeter (nach *Abb. 8.4*) zur Kontrolle anbringt.

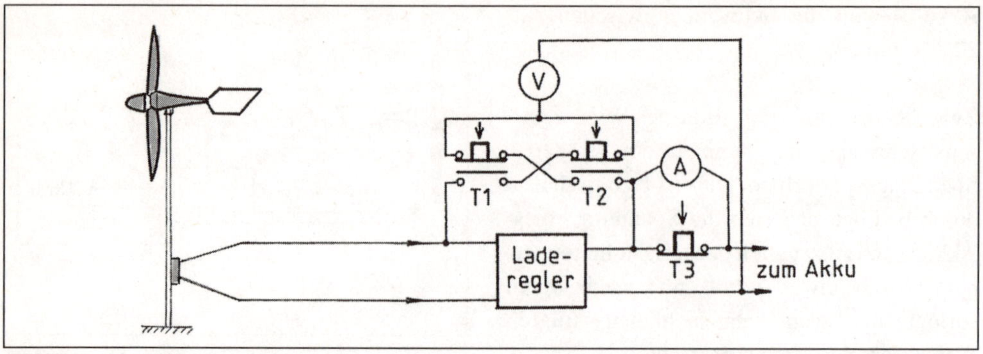

Bild 8.5 Mit Amperemeter A kann der jeweilige Ladestrom gemessen werden; Der Voltmeter V bedient sich hier nicht eines Umschalters, wie im vorhergehenden Beispiel, sondern einer Alternativlösung mit Tastern T1 und T2; sie sind elektrisch blockiert (wenn beide gleichzeitig gedrückt werden, entsteht kein Kurzschluß)

Eine noch bessere Übersicht über die laufenden Vorgänge ermöglicht ein zusätzlicher Amperemeter. Die Schaltung kann dann z.B. nach *Abb. 8.5* gestaltet werden. Ein (beliebiger) zusätzlicher Umschalter am Voltmeter ermöglicht wahlweise das Messen der jeweiligen Windgeneratoren-Spannung oder die Akkuspannung. Der Taster T3 unter dem Amperemeter kann entfallen, wenn der Innenwiderstand des Amperemeters derartig klein ist, daß der an ihm entstandene Energieverlust unbedeutend niedrig liegt.

Wartung der Bleiakkumulatoren und Sicherheitsmaßnahmen

Bleiakkumulatoren benötigen nur eine bescheidene Wartung, welche auch bei jeder Autobatterie üblich ist:

- Die Elektroden jedes einzelnen Akkus sollen mindestens etwa 5 mm unter dem Elektrolyt-Spiegel sein. Zum Nachfüllen der Batterie darf nur destilliertes Wasser verwendet werden.
- Wenn die Batterie-Anschlußklemmen an den Polen grüne Korrosionsansätze aufweisen, sollten sie mit warmen Wasser, in dem etwas Backsoda aufgelöst wurde, abgewaschen und danach neu eingefettet werden.
- Vergewissern Sie sich, ob die technischen Parameter Ihres Ladereglers mit dem übereinstimmen, was Ihre Batterie benötigt. Wichtig ist dabei, daß der Laderegler (bei einem starken Wind) in die Batterie nicht einen höheren Strom läßt, als sie verkraftet (also nicht mehr als 10% ihrer Nennkapazität in Ah).
- Bei Akkus, die älter als ca. 3 Jahre sind, sollte die Batteriesäure auf ihre Konsistenz überprüft werden. Bei Bedarf muß etwas Säure nachgefüllt werden (eine Autowerkstatt kann hier helfen).
- Die Batteriesäure ist eine giftige und ätzende Schwefelsäure, die beim Laden das explosive Wasserstoffgas erzeugt.

Schützen Sie hier bei der Arbeit Ihre Augen mit einer Schutzbrille. Vermeiden Sie offenes Feuer, Funken oder Rauchen in der Nähe der Batterie. Das Wasserstoffgas könnte beim Laden explodieren.

Je größer die Batterien sind, desto wichtiger ist es, daß der Raum, in dem sie untergebracht – bzw. geladen – werden, gut belüftet ist. Das beugt einer Explosionsgefahr und gesundheitlichen Schäden vor. Die Raumtemperatur sollte – soweit möglich – auch im Winter nicht unter den Gefrierpunkt sinken.

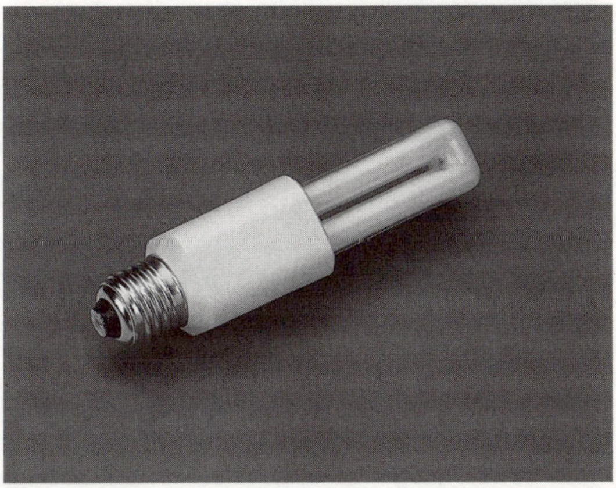

Energiesparende Lampen sind auch für 12- und 24V-Spannungen erhältlich

9 Welche Spannung und Kapazität muß ein Akkumulator haben?

Die handelsüblichen Spannungsregler sind (bis auf wenige Ausnahmen) nur für das Laden von 12-Volt- oder 24-Volt-Batterien erhältlich. Damit erübrigen sich Überlegungen bezüglich anderer Anlagenspannungen.

Wesentlich komplizierter ist es mit der optimalen Batteriekapazität. Worum es sich handelt, wurde im vorigen Kapitel erklärt. Offen bleibt jedoch die Frage nach der anwendungsbezogenen Dimensionierung.

Begonnen wird hier mit dem vorhergesehenen Verbrauch. Festzustellen ist dabei in erster Linie folgendes:

- Welchen Strom (in A) benötigt jeder der geplanten Verbraucher?
- Wie viele Betriebsstunden pro Tag, pro Woche oder pro Monat sind zu erwarten?
- In welchen Monaten des Jahres werden die einzelnen Verbraucher benutzt bzw. überwiegend benutzt?
- Wie kritisch sind die Folgen, die eine Versorgungslücke verursachen kann?

Der Stromverbrauch eines jeden Verbrauchers läßt sich seinen technischen Daten entnehmen. Soweit er – wie z.B. bei der Lampe in *Abb. 9.1* – nicht aufgeführt ist, läßt er sich leicht anhand der anderen Daten ausrechnen:

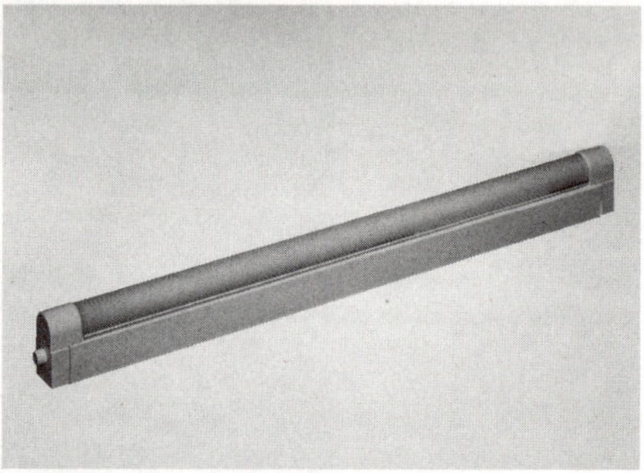

Bild 9.1 Ausführungsbeispiel einer 12 Volt/8 Watt-Leuchtstofflampe (Foto Conrad Electronic)

Leistung in Watt geteilt durch Spannung in Volt ergibt Strom in Ampere. Hier handelt es sich um eine 12-Volt/8-Watt-Lampe. Daraus ergibt sich:

8 Watt : 12 Volt = 0,666 Ampere
(wir runden es auf 0,7 A auf).

Wie viele Stunden eine Lampe pro Tag oder pro Monat leuchten soll, hängt von der Anwendung ab. Als Beleuchtung eines kleinen Schrebergartenhäuschens wird sie wahrscheinlich höchstens 4 Stunden pro Woche benötigt. Dies zudem hauptsächlich während der Monate April, Mai, Oktober und November. Im Sommer braucht man selten Kunstlicht, im Winter selten das Schrebergartenhäuschen.

Den wöchentlichen „Kapazitätsverbrauch" der Anlagenbatterie rechnen wir einfach aus:

4 Stunden x 0,7 Ampere =
= 2,8 Amperestunden (Ah).

Mit dem Kapazitätsverbrauch läßt sich sehr leicht planen. Wenn der Anlagenbatterie in der Schaltung nach *Abb. 9.2* ein Teil ihrer Kapazität von 2,8 Ah entnommen wird, sinkt ihr „Kapazitätsvorrat" von den eingezeichneten 36 Ah auf 33,2 Ah. Da es sich hier bei den 2,8 Ah um einen Verbrauch pro Woche handelt, könnte hier die Lampe theoretisch bis zu etwa 10 Wochen lang betrieben werden, bevor die Batterie leer ist.

Der eigentliche Verbrauch der Lampe beträgt 28 Ah (10 Wochen x 2,8 Ah) und der monatliche Selbstentladeverlust (von 8% pro Monat) beträgt während der 10 Wochen ca. 20% der Batteriekapazität. 20% von 36 Ah sind 7,2 Ah (an Selbstentladung). Wenn wir nun diese 7,2 Ah zu dem Lampenverbrauch von 28 Ah dazurechnen, ergibt dies 35,2 Ah.

Nach dieser Berechnung dürfte also der Windgenerator annähernd bis zu 10 Wochen lang „streiken". So eine lange Durststrecke kommt in der Natur normalerweise gar nicht vor.

In Abb. 9.2 haben wir eine 36-Ah-Batterie deshalb eingezeichnet, weil sie trotz der relativ großen Kapazität sehr preiswert als Autobatterie erhältlich ist. In der Praxis könnte diese Batterie neben der Lampe auch noch andere Verbraucher versorgen.

Strikt genommen würde in so manchen Fällen der im Laderegler integrierte Tiefentladeschutz die Batterie etwas eher abschalten. Vielleicht sogar schon nach einem Kapazitätsverbrauch von ca. 30 Ah (was ja – wie bereits an anderer Stelle erwähnt wurde – herstellerabhängig ist). Das wäre aber auch nicht so tragisch und wir werden in unseren weiteren Rechenbeispielen diese herstellerbezogen variierende Abschaltschwelle einfach ignorieren. Das können wir uns schon deshalb leisten, weil wir erstens in den meisten Fallen

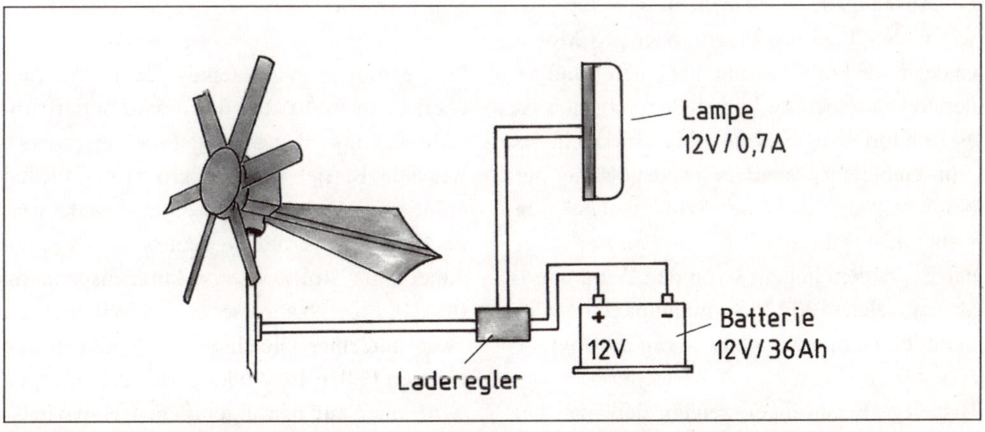

Bild 9.2 Schaltbeispiel einer einfachen Windgeneratoren-Stromversorgung

die errechnete Kapazität des Akkus ohnehin etwas großzügiger nach oben aufrunden; Zweitens ist das „Windangebot“ nur geschätzt und der ganze Spielraum ist damit sehr dehnbar. Zugunsten, wie auch zuungunsten der Dimensionierung. Damit müssen wir uns jedoch bei diesen Naturgaben abfinden.

Daß der Energieverbrauch eines Anlagen-Akkus nachgeladen werden muß, dürfte wohl klar sein. Wir werden in unseren Planungsbeispielen jeweils den vorgesehenen Kapazitätsverbrauch aller Verbraucher ermitteln und daraus den Nachladebedarf der Anlagenbatterie ausrechnen. Für die Selbstentladung werden einheitlich 4% pro 14 Tage berechnet.

Als nächstes kommt nun die Frage nach der Nachlademöglichkeit eines Akkus vom Windgenerator. Wir wissen, daß es besonders im Herbst viel Wind gibt. Genauer gesagt, fängt es da mit dem Wind meist erst richtig an und dieser hält danach oft während der ganzen kühleren Jahreszeit bis zum Frühjahr durch. Allerdings nicht immer und nicht regelmäßig.

Dic Ausgangsfrage jeder Planung lautet: „An wie vielen Tage pro Woche oder pro Monat ist der Wind kräftig genug, um einen Windgenerator betreiben zu können?“. Natürlich ist es standortbezogen sehr unterschiedlich. Es gibt Gebiete (besonders in der Nähe der Nordsee), an denen der Wind fast ständig weht und es gibt Standorte, an denen er seltener ist. Zudem hängt es von den Windradtyp ab, bei welcher Windgeschwindigkeit der Generator eine brauchbare Leistung erbringt.

Bisherige Erfahrungen zeigen, daß man bei einer derartigen Planung an den meisten Standorten mit mindestens 4 bis 6 Tagen pro 2 Wochen mit einem Wind rechnen kann, der einen Windgenerator betreiben könnte. Von dem standortbezogenen Windaufkommen wird abhängen, ob der Anwender einen Windgenerator mit einem propellerartigen oder mit Savonius-Windrad für sein Vorhaben einplant.

Wir werden in den Planungsbeispielen einfach einheitlich mit einem standortbezogenen „brauchbaren“ Windaufkommen von 96 bis 120 Stunden pro zwei Wochen rechnen. Hier handelt es sich um eine reine Erfahrungssache, bei der davon ausgegangen wird, daß die Kapazität der Anlagen-Batterie für 14 Tage ohne Nachladen ausreichen sollte. Für die meisten Anwendungen ist diese Zeitspanne angemessen. Nur dort, wo eine Unterbrechung der Stromversorgung unzumutbare Folgen haben könnte, sollte die Batteriekapazität etwas großzügiger dimensioniert werden.

Bei der Dimensionierung der erforderlichen Batteriekapazität gehen wir in folgenden Schritten vor:

Der Stromverbrauch eines jeden Verbrauchers (Lampe, Kocher usw.) wird notiert, anschließend wird geschätzt (oder errechnet), wieviele Betriebsstunden pro zwei Wochen anfallen und wie groß der daraus resultierende Kapazitätsverbrauch sein wird. Es spielt dabei keine Rolle, welche Anlagenspannung für das Projekt vorgesehen ist. Wir rechnen zwar mit einer Gleichspannung, die in den meisten Fällen 12 V oder evtl. 24 V betragen wird, aber auf den eigentlichen Kapazitätsverbrauch hat dies keinen Einfluß.

Wie wir bereits im Beispiel mit der Schrebergartenanlage zeigten, errechnet sich der Nachladebedarf aus folgenden Komponenten:

a) Nachladen der vom(n) Verbraucher(n) bezogenen Kapazitäts-Anteiles;
b) Nachladen des Kapazitätsverlustes durch Selbstentladung;
c) 20% Zugabe auf Ladeverluste.

Jetzt kommt eine weitere wichtige Frage an die Reihe: Wie groß muß der vom Windgenerator gelieferte Ladestrom sein und wie lange muß dieser Strom geliefert werden, um den Energieverbrauch (Kapazitätsverbrauch) nachzuladen, der der Anlagenbatterie entnommen wurde.

Vom Prinzip her ist es hier dasselbe, wie mit dem Nachfüllen eines jeden beliebigen Behälters. Daher ist es auch mit dem Rechnen völlig unkompliziert.

Wir gehen bei diesem Beispiel von „5 Ladetagen" (=120 Ladestunden) pro 14 Tage aus. Dies beinhaltet, daß der Windgenerator innerhalb von 120 Ladestunden den 14tägigen Energieverbrauch (den wir als „Kapazitätsverbrauch" bezeichnen) nachladen muß. Zumindest mehr oder weniger (das müssen wir der Natur überlassen).

Ein konkretes Planungsbeispiel ist aussagekräftiger als abstrakte Erklärungen. Wir geben uns vorerst mit einer bescheidenen Stromversorgung eines kleinen Objektes zufrieden und erstellen eine Übersicht der vorgesehenen Verbraucher und ihren 14tägigen Kapazitätsverbrauch in Ah:

Tabelle 9.1

Verbraucher	Stromabnahme	Kapazitätsverbrauch in 14 Tagen
Innenlampe	0,7 A	5 Ah
Außenlampe	1,1 A	2 Ah
El. Kaffeekocher	12,5 A	50 Ah
Fernseher	2,9 A	10 Ah
		67 Ah

Der „Kapazitätsverbrauch" der Verbraucher ist hier nur als eine beispielsbezogene Angabe anzusehen. Wichtig ist hier für uns der errechnete „Verbrauch der Batteriekapazität" (von 67 Ah), den wir in allen Beispielen weiterhin einfachheitshalber als „Kapazitätsverbrauch" bezeichnen.

Wenn wir davon ausgehen, daß eine eventuelle Versorgungslücke wohl kaum zu schwerwiegende Folgen hätte, dürfte für eine solche Anlage eine 100-Ah-Autobatterie zunächst ausreichen. Damit will angedeutet werden, daß man später evtl. noch eine zweite 100-Ah-Batterie parallel zu der ersten Batterie zuschalten könnte, wenn es sich z.B. ergeben sollte, daß der Energieverbrauch höher ist, als vorgesehen war.

Der Windgenerator soll hier den Kapazitätsverbrauch, wie auch die Selbstentladeverluste der Batterie nachladen können. Der Kapazitätsverbrauch beträgt die bereits ermittelten 67 Ah. Auf die Selbstentladung entfallen weitere 4 Ah (als 4% der 100 Ah). Das ergibt 71 Ah.

Nun dürfen wir die Ladeverluste nicht vergessen. Sie betragen 20% des Nachladebedarfs (also 20% von 71 Ah). Das sind 14,2

Ah. Alles zusammen ergibt 85,2 Ah (71 Ah + 14,2 Ah = 85,2 Ah).

Diese 85,2 Ah sollte der Windgenerator innerhalb von 120 Betriebsstunden nachliefern können. 85,2 Ah geteilt durch 120 Betriebsstunden, ergibt einen Ladestrom von 0,71 A (85,2 Ah : 120 Std. = 0,71 A).

Wir brauchen also einen Windgenerator, der bei einer standortbezogenen „häufig vorkommenden Windgeschwindigkeit" im Durchschnitt mindestens einen Ladestrom von 0,71 A liefern kann.

Wenn man sich nun daran orientieren würde, daß bereits ein kleiner Fahrraddynamo einen Strom von stolzen 0,5 A (bei voller Fahrt) aufbringt, dürfte eigentlich ein ziemlich kleiner Windgenerator die vorgesehene Aufgabe bewältigen können. Leider ist es bei so einem Windgenerator mit der „vollen Fahrt" nicht so einfach, wie bei dem Fahraddynamo.

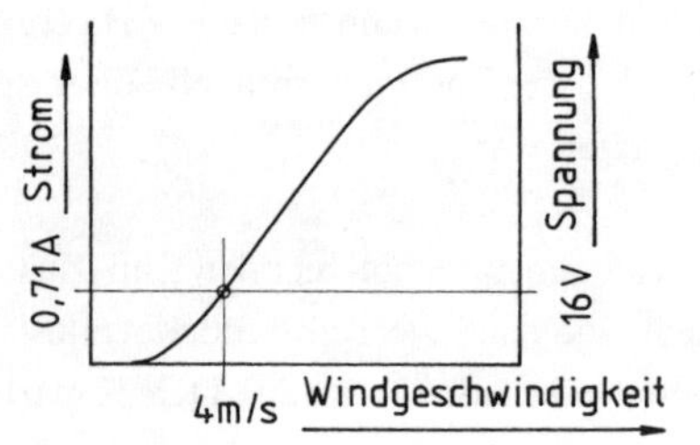

Bild 9.3 Strom/Spannungs-Kennlinie eines Windgenerators, der sich für das aufgeführte Planungsobjekt optimal eignen würde (vorausgesetzt, daß die häufige Windgeschwindigkeit am vorgesehenen Standort in der Nähe von 4 m/s liegt)

Die am Standort vorausgesetzte „häufige Windgeschwindigkeit" wird in den meisten Fällen aus dem Windgenerator nur einen kleinen Teil (z.B. nur 10%) seiner offizieller Nennleistung „herausholen" können.

Der Generator muß also mit anderen Worten etwa um das Zehnfache überdimensioniert werden, um die vorgesehene Arbeit einigermaßen kontinuierlich erbringen zu können. Er wird dann zwar bei einem kräftigen Wind annähernd seine volle Leistung liefern, aber der Bedarf wird wahrscheinlich gar nicht vorhanden sein, weil man mit dem Energie-Überschuß nichts anfangen kann (es sei denn, die Anlage arbeitet netzgekoppelt).

Abb. 9.3 zeigt eine Strom/Spannungs-Kennlinie (Ladekurve) eines kleinen Windgenerators, der sich für eine Anlage nach dem vorhergehenden Beispiel gut eignen würde. Wichtig ist hier vor allem, daß der Generator – bei der vorgesehenen Windgeschwindigkeit von 4m/s – neben dem erwünschten Ladestrom (von 0,71 A) auch eine ausreichend hohe Ladespannung liefern kann.

Wenn es sich beispielsweise um das Laden einer 12 V-Batterie handelt, sollte der Windgenerator (bei der vorgesehenen häufigen Windgeschwindigkeit) eine Gleichspannung von mindestens 16 Volt liefern können. Der Strom, der unter denselben Windverhältnissen geliefert wird, dürfte dann den errechneten Ladestrom nicht unterschreiten.

Für das Laden bzw. Nachladen einer 24 V-Batterie ist eine doppelt so hohe Spannung erforderlich – also mindestens 30 bis 32 V. Der errechnete Ladestrom wird dabei automatisch bei demselben Verbrauch nur halb so hoch sein, wie bei einer 12-V-Anlage (was sich ohnehin bei der Berechnung der Stromabnahme von den 24-V-Verbrauchern automatisch ergibt).

Unter den zur Verfügung stehenden Angeboten werden wir in der Praxis leider nur selten einen Windgenerator finden, der haargenau unseren Anforderungen entspricht. Es ist dann ein etwas größerer Windgenerator anzuwenden, als theoretisch erforderlich wäre. Das hat den Vorteil, daß die Anlage im nachhinein auch weitere Aufgaben übernehmen kann, an die vielleicht bei der Planung nicht gedacht wurde.

Man kann aber auch umgekehrt vorgehen und anfänglich einen etwas kleineren Windgenerator installieren. Wird dieser seiner Aufgabe nicht zufriedenstellend gerecht, kann z.B. ein zusätzliches Solarzellenmodul das Ladestromdefizit auffangen (siehe dazu Kap. 15).

10 Niedervolt-Verbraucher für kleine Windenergie-Anlagen

Es versteht sich von selbst, daß man bei Windenergie-Inselanlagen mit dem Stromverbrauch sparsam umgehen muß. Dafür stehen inzwischen auch viele energiesparende Verbraucher zur Verfügung.

Die größte Aufmerksamkeit verdient die Beleuchtung. Als wirklich energiesparend kommen nur Leuchtstofflampen oder spezielle Neonlampen in Frage, die oft als „Solarlampen" angeboten werden. Gute „Solarlampen" geben bei demselben Energieverbrauch fünf- bis sechsmal mehr Licht als Glühbirnen.

Maßgebend für den „Wirkungsgrad" einer Lampe ist der „Lichtstrom", den sie bei bestimmter Leistungsaufnahme erbringt. So geht beispielsweise aus der Tab. 10.1 hervor, daß eine 14-W-Leuchtstofflampe fast dieselbe Beleuchtung (annähernd denselben Lichtstrom) wie eine 75-W-Glühbirne (siehe Tabelle auf der nächsten Seite) bieten kann. Wir haben in dieser Tabelle den Lichtstrom von gängigen Standardglühbirnen aufgeführt, um den Vergleich in bezug auf den Lichtstrombedarf etwas „greifbarer" zu machen.

Tabelle 10.1 Technische Vergleichsdaten einiger energiesparender Lampen und der gängigen „Haushalts-Glühlampen" für 230-V-Wechselstromnetze

Energie-Sparlampen, die sich für 12-V- oder 24-V-Windgenerator-Anlagen gut eignen				
Marke/Typ	**Versorgungsspannung**	**Leistungsaufnahme**	**Stromaufnahme**	**Lichtstrom in Lumen**
Öko-Light 110-12	12 V	10,8 W	0,9 A	600 lm
Öko-Light 111-12	12 V	12,0 W	1,0 A	900 lm
Öko-Light 210-12	12 V	24,0 W	2,0 A	1800 lm
Öko-Light 110-24	24 V	10,8 W	0,45 A	600 lm
Öko-Light 111-24	24 V	12,0 W	0,5 A	900 lm
Öko-Light 210-24	24 V	24,0 W	1,0 A	1800 lm
Leuchtstoffleuchte	12 V	14,4 W	1,2 A	960 lm
Feuchtraumlampe	12 V	16,8 W	1,4 A	900 lm
Leuchtstoffleuchte „Twin-Light"	12 V	2 x 4,3 W	2 x 0,33 A	2 x 180 lm

Standard-Haushalts-Glühbirnen (für die normale 230 V-Wechselspannung – zum Lichtstromvergleich in bezug auf die Leistungsaufnahme):			
Leistungs-aufnahme	**Lichtstrom in Lumen**	**Leistungs-aufnahme**	**Lichtstrom in Lumen**
25 W 40 W	230 lm 430 lm	60 W 75 W	730 lm 960 lm

Bei der Planung kann man sich daran orientieren, was von Fall zu Fall erfahrungsgemäß als „ausreichende“ Lichtstärke eingestuft werden dürfte: Auf der Toilette genügt eine 25-W-Glühbirne, die Nachttischlampe kommt mit einer 40-W-Glühbirne aus, über dem Eßtisch wäre eine Glühbirne von 75 W wünschenswert usw. Bei Zweifel läßt sich mit Hilfe von Glühbirnen praktisch ausprobieren, welche Leistung für das eine oder andere Anliegen erforderlich wäre. Somit kann man der Tab. 10.1 den entsprechenden Lichtstrom (der „Referenz-Glühbirne“) entnehmen und nach einer energiesparenden Lampe mit vergleichbarem Lichtstrom Ausschau halten.

Bei anderen Verbrauchern ist das Verhältnis von Verbrauch zu Leistung leichter zu vergleichen und ein Optimum zu finden. Natürlich müssen dabei oft Kompromisse in Kauf genommen werden, an die wir „von Haus aus“ eigentlich gar nicht mehr gewohnt sind. Es kann z.B. schwerfallen, den Verbrauch eines Kühlschrankes mit dem Verbrauch des Anwenders in einen befriedigenden Einklang zu bringen und das Beste aus der Sache zu machen. Das gemeine hierbei ist, daß z.B. ein doppelt so großer Kühlschrank nur 20% mehr Energie verbraucht ... (siehe auch Tabelle S. 96).

Relativ unproblematisch ist es bei der Planung von Pumpen. Hier werden einfach die Förderhöhen und die -leistungen (in Litern pro Minute) und die damit verbundenen Aufnahmeleistungen verglichen.

Unter den Fernsehern gibt es diverse kleinere tragbare Modelle, die für eine 12-V- und/oder 24-V-Batterieversorgung ausgelegt sind und einen Verbrauch von 35 bis 37 W haben.

Kleine Heiz- und Kochgeräte, worunter Wasser- oder Kaffeekocher, sind meistens als Autozubehör erhältlich und energiesparend ausgelegt.

Auch hier siehe Tabelle auf S. 96.

11 Stromversorgung von Schrebergartenhäusern, Garten- und Freizeitgrundstücken

Die Bausteine einer Windgenerator-Anlage sind uns inzwischen bekannt, die Stromabnahme einzelner Verbraucher geht aus ihren technischen Daten hervor und somit dürfte einem eigenen Entwurf nichts im Wege stehen:

Für die Stromversorgung eines kleinen Schrebergartenhäuschens nach Beispiel A (in der Tabelle unten) dürfte z.B. eine 12 V/60-Ah-Autobatterie optimal sein. Das Nachladen teilt sich hier in folgende Aufgaben: 37,4 Ah Kapazitätsverbrauch + 2,4 Ah (als 4% der 60-Ah-Batterie an Selbstentladung): Das ergibt 39,8 Ah (37,4 Ah + 2,4 Ah = 39,8 Ah). Dazu kommen noch 20% von den 39,8 Ah – das sind 7,96 Ah – als Ladeverluste.

Das ergibt einen Nachladebedarf von 47,76 Ah (39,8 Ah + 7,96 Ah = 47,76 Ah).

Bemerkung: wir runden bei unseren Beispielen die ermittelten Zahlen nicht auf – damit man es leichter zurückverfolgen kann.

Standortbezogen werden wir in diesem Fall davon ausgehen, daß hier die Nutzung während der etwas wärmeren Jahreszeit stattfindet. Der Planung legen wir hier nur vier windreiche Tage während eines Zeitraums von 14 Tagen zugrunde. Das sind 96 Arbeitsstunden (Ladestunden) des Windgenerators.

Daraus ergibt sich folgender Ladestrombedarf: 47,76 Ah : 96 Ladestunden = 0,5 A Ladestrom.

Soweit nur ein einziger Windgenerator als Energiequelle vorgesehen ist, muß er im Durchschnitt diesen Ladestrom aufbringen. Andernfalls kann er sich diese Aufgabe mit

Beispiel A – Kleineres Schrebergartenhäuschen (12-V-Spannung)

Verbraucher	Stromverbrauch in A	im Zeitraum von 14 Tagen	
		Nutzungsdauer in Stunden	Kapazitätsverbrauch in Ah
Innenlampe	0,7	20	14,0
Außenlampe	1,1	2	2,2
Wasserkocher	12,5	1	12,5
Fernseher (35 W)	2,9	3	8,7
			insgesamt 37,4 Ah

einem zweiten kleinen Windgenerator oder mit einem kleinen Solarzellenmodul teilen (siehe Kap. 15 und 16).

Für die Anlage nach Beispiel B (siehe Tabelle) dürften z.B. zwei 12 V/60-Ah-Autobatterien im Parallelbetrieb eingesetzt werden. Das ergibt eine „Speicherkapazität" von 120 Ah.

Nachladebedarf: 94,7 Ah (Verbrauch) + 4,8 Ah (4% der Batteriekapazität) auf Selbstentladung = 99,5 Ah. Dazu kommen noch 19,9 Ah (als 20% auf Ladeverluste). Der gesamte Nachladebedarf beträgt dann 119,4 Ah.

Der Planung legen wir hier wieder 96 Ladestunden zugrunde. Der benötigte Ladestrom beträgt dann 1,25 Ah (119,4 Ah Nachladebedarf geteilt durch 96 Ladestunden).

Diesen Ladestrom muß entweder der Windgenerator alleine oder in einer der im vorherigen Beispiel angesprochenen Kombinationen aufbringen können.

Beispiel B – Größeres Schrebergarten-/Sommerhaus (12-V-Spannung):

Verbraucher	Stromverbrauch in A	im Zeitraum von 14 Tagen	
		Nutzungsdauer in Stunden	Kapazitätsverbrauch in Ah
3 Innenlampen	2,1	6	12,6
Außenlampe	1,2	2	2,4
Wasserkocher	12,5	2	15,0
Fernseher	2,9	8	23,9
Kühlbox	3,6	8	28,8
Springbrunnen	1,2	10	12,0
			insgesamt 94,7 Ah

12 Stromversorgung von Garagen und Carports

Viele Garagen und Carports stehen derartig weit entfernt vom Haus, daß eine alternative Stromversorgung die beste Lösung darstellt. Sie ist zudem oft preiswerter als ein Netzanschluß. Es ist dabei sehr beruhigend, daß der Strom dann kostenlos z.B. für folgende Zwecke zur Verfügung steht:

- Der Garagentorantrieb kann per Fernsteuerung elektrisch bedient werden;
- Die Garage bzw. der Carport wie auch der Zufahrtsweg können elektrisch beleuchtet werden;
- Die Autositze können während der kälteren Jahreszeit elektrisch beheizt werden (dafür gibt es genügend preiswerte Autositzheizbezüge);
- Ein zusätzlicher Einbruchsschutz kann hier angeschlossen werden.

Für Garagentore gibt es gegenwärtig etliche elektrische Bausatzantriebe, die für eine Gleichspannung von 12 Volt ausgelegt sind. Einige von ihnen sind mit einem Solarzellenmodul und mit einer Solarbatterie erhältlich, können jedoch meistens auch ohne dieses Zubehör gekauft werden. Anstelle des Solarzellenmoduls wird dann ein kleiner Windgenerator eingesetzt. Die Solarbatterie könnte zwar – wie bereits erläutert wurde – auch für den Windgenerator verwendet werden, aber eine Autobatterie ist preiswerter.

Eine Garagenanlage mit Windgenerator zeigt *Abb. 12.1*. Bis auf den eigentlichen elektroni-

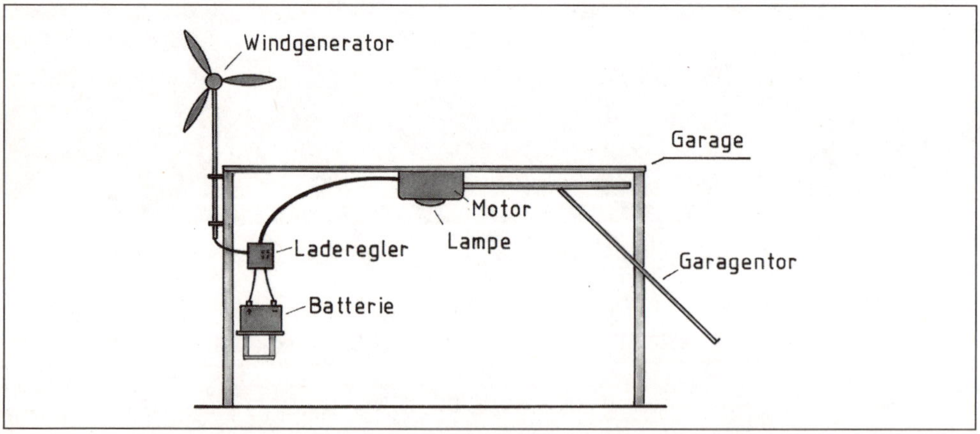

Bild 12.1 Stromversorgung einer Garage mit Hilfe eines Windgenerators.

schen Garagentorantrieb finden wir hier nur lauter bekannte Anlagenbausteine.

Planungsbeispiel C – Garage mit elektrischem 12 V-Gleichstrom-Torantrieb:

Die meisten Motoren solcher Kleinspannungs-Garagentorantriebe sind für Aufnahmeleistungen von ca. 100 bis 125 Watt ausgelegt und benötigen höchstens 10 Sekunden zum Öffnen oder Schließen des Tores. Daraus ergibt sich ein Verbrauch der Batteriekapazität von nur etwa 0,06 bis 0,075 Ah pro Torbetätigung (die angegebenen Werte berücksichtigen auch den erhöhten Stromstoß beim Einschalten des Motors).

Bei 20 Torbetätigungen pro Woche verbraucht somit der Motor nur bescheidene 1,2 bis 1,5 Ah der Batteriekapazität.

In den meisten Antriebseinheiten ist auch eine kleine Lampe integriert, die oft nach ca. 3 bis 5 Minuten automatisch abschaltet. Der Verbrauch liegt üblicherweise zwischen 6 und 9 W. Das ergibt umgerechnet (Leistung in W geteilt durch Spannung in V) einen Stromverbrauch von 0,5 bis 0,75 A.

Wenn nun angenommen wird, daß im Winter die Lampe bei jeder Torbetätigung aufleuchtet, verbraucht sie eine Batteriekapazität von ca. 0,025 Ah bis 0,063 Ah pro Torbetätigung. Das sind bei 20 Torbetätigungen 0,5 bis 1,26 Ah pro Woche (zusätzlich zu dem eigentlichen Motorverbrauch).

Als dritter Verbraucher im Bunde ist der „Standby-Betrieb" einzustufen. Bei guten Produkten verbraucht er etwa 2 mA (=0,002 A) – was bei dem Stand der heutigen Technik unnötig zu hoch ist. Fast jeder preiswerte Batterie-Funkwecker arbeitet mit ähnlichem Prinzip und begnügt sich mit einem Stromverbrauch, der etwa hundertmal niedriger ist.

Paradoxerweise gibt es gegenwärtig auf dem Markt etliche Garagentor-Antriebe (worunter auch sogenannte Markenprodukte), die als Solar-Antriebe angeboten werden und bei denen der Standby-Stromverbrauch in der Nähe von 10 mA (0,01 A) liegt (was viel zu hoch ist und damit zu viel Energie verbraucht).

Auf diesen „technischen Parameter" ist beim Kauf zu achten. Ein Standby, dessen Elektronik durchlaufend einen Strom von 10 mA verbraucht, bildet einen schlimmen Energiefresser. Eine kontinuierliche Stromabnahme von 10 mA summiert sich zu einem Verbrauch der Batteriekapazität von 1,7 Ah pro Woche.

Wenn dagegen der Standby-Verbrauch (bei einigen guten Torantrieben) nur tatsächlich bei 2 mA (= 0,002 A) liegt, ergibt es einen Verbrauch an Batteriekapazität von bescheidenen 0,34 Ah pro Woche. Hier gilt also beim Kauf der Slogan „Sehen ist Glauben". In diesem Fall handelt es sich um das Sehen aller benötigten technischen Daten.

Bis zu einem Standby-Stromverbrauch an Batteriekapazität (Kapazitätsverbrauch) von etwa 1 bis 2 Ah pro Woche dürfte man so einen Torantrieb notfalls dennoch akzeptieren (soweit es nach persönlichem Ermessen z.B. in Hinsicht auf den Kaufpreisvorteil – vertretbar ist).

Somit dürfte „typenbezogen“ der wöchentliche Kapazitätsverbrauch insgesamt zwischen ca. 1,34 und 4,76 Ah (theoretisch) betragen. Die 4,76 Ah setzen sich zusammen aus den 1,5 Ah für den Elektromotor, den 1,26 Ah der Lampe und einem maximal annehmbaren Verbrauch von 2Ah der Standby-Elektronik.

Eine 36-Ah-Autobatterie würde hier als Zwischenspeicher mehr als ausreichen (das ist ohnehin die gängige kleinste und preiswerteste Autobatterie und daher dürften sich weitere Überlegungen erübrigen).

Das Nachladen besteht hier aus denselben Komponenten, wie beim Beispiel „A“ im Kap. 11, nur die Zahlen sind anders. Um auch hier im Schema der 14tägigen Zeitspanne(n) zu bleiben, rechnen wir den vorhin ausgerechneten wöchentlichen Kapazitätsverbrauch von 4,76 Ah in 9,52 Ah um (4,76 Ah x 2 = 9,52 Ah). Dazu kommt noch die Selbstentladung (4% der 36-Ah-Batteriekapazität); das sind 1,44 Ah. Das ergibt 10,96 Ah (9,52 Ah + 1,44 Ah). Dazu letztendlich noch 20% von den 10,96 Ah – das sind 2,2 Ah – als Ladeverluste.

Das ergibt einen „Nachladebedarf“ von 13,16 Ah (10,96 + 2,2 Ah = 13,16 Ah).

Wenn wir nun auch hier den Nachladebedarf durch 96 Ladestunden teilen, ergibt sich ein Ladestrom von 0,14 A (13,16 Ah : 96 Std. = 0,14 A), den bereits ein sehr kleiner Windgenerator bewältigen kann.

Es sollte nochmals darauf hingewiesen werden, daß der Windgenerator neben dem an sich sehr geringen Ladestrom noch eine Gleichspannung von mindestens ca. 16 V liefern müßte. Die benötigte Leistung liegt dann nur bei bescheidenen 2,24 W. Wie schon erwähnt wurde, ist sogar ein 10-Mark-Fahrraddynamo für eine Leistung von 3 Watt ausgelegt (die er bei schneller Fahrt liefert – allerdings bei einer Nennspannung von nur 6 Volt).

Der Hinweis auf den Fahrraddynamo dient hier einer greifbaren Vorstellung darüber, wie winzig in diesem Fall der Energiebedarf ist. Wir wissen jedoch, daß es in der Praxis nicht nur um die theoretische Nennleistung des Windgenerators geht, sondern darum, daß er standortbezogen bei den herrschenden Windverhältnissen, diese Leistung auch zu liefern bereit ist.

Eine höhere Leistung des Windgenerators wird benötigt, wenn die Garagenanlage auch noch zusätzliche andere Verbraucher mit Strom versorgen soll wie z.B. eine Außenlampe und einen Autositzheizbezug. Der Stromverbrauch der gängigen Heizbezüge liegt (typenabhängig) zwischen ca. 2,5 und 3,5 A.

Erfahrungsgemäß reichen hier ca. 5 bis 10 Minuten aus, um so einen elektrischen Sitzbezug angenehm aufzuwärmen – was u.a. von der jeweiligen Garagen- bzw. Außentemperatur (beim Carport) abhängt.

Folgendes Planungsbeispiel zeigt, mit welchem Energiebedarf ein solches Vorhaben verbunden ist. Wir rechnen für ein Heizkissen, das täglich 10 Minuten lang, 6 Tage pro Woche einen Strom von 3,5 A verbraucht:

Beispiel D – Garage/Carport mit beheiztem Autostuhl und Beleuchtung			
Verbraucher	Stromverbrauch in A	im Zeitraum von 14 Tagen	
		Nutzungsdauer in Stunden	Kapazitätsverbrauch in Ah
Elektr. Torantrieb	–	–	9,52
Autositzheizbezug	3,5	2	7,0
1 Außenlampe	1,1	3	3,3
			insgesamt 19,82 Ah

Um evtl. auch für weitere zusätzliche Verbraucher – worunter z.B. einen zweiten Autositzheizbezug – noch einen großzügigeren Stromversorgungsspielraum zu haben, planen wir hier eine 60-Ah-Autobatterie als Energiespeicher ein. Daraus ergibt sich folgende Berechnung:

Nachladebedarf: 19,82 Ah (Verbrauch) + 2,4 Ah (4% der Batteriekapazität) auf Selbstentladung = 22,22 Ah. Dazu kommen noch 4,36 Ah (als 20% auf Ladeverluste). Der Nachladebedarf beträgt: 26,58 Ah (22,22 Ah + 4,36 Ah) .

Der benötigte Ladestrom beträgt hier 26,58 Ah : 96 Ladestunden = 0,28 A

Die beiden aufgeführten Beispiele bilden praxisorientierte Bauanleitungen, die unverändert übernommen werden können. Nur wenn der individuell vorgesehene Leistungsbedarf von dem einen oder anderen Beispiel zu sehr abweicht, kann hier alles bedarfsbezogen prozentual umgerechnet werden. Da sich das Windangebot ohnehin nicht genauer berechnen läßt, reicht eine grobe Schätzung des Unterschiedes im Verbrauch als Planungs-Ausgangspunkt aus.

Damit ist folgendes gemeint:

Wenn beispielsweise mehrere Leuchtkörper in der Garage bzw. als Außenbeleuchtung vorgesehen sind, die – im Vergleich mit Beispiel D – eine Erhöhung des Kapazitätsverbrauchs um 50% zufolge haben, wird auch eine entsprechend größere Autobatterie fällig (die natürlich auch einen höheren Ladestrom zum Nachladen beansprucht).

Ausgehend vom Beispiel D, käme hier (theoretisch) eine ca. 90 Ah-Autobatterie zum Einsatz und der benötigte Ladestrom würde dann ebenfalls um 50% auf ca. 0,42 A erhöht werden müssen.

13 Stromversorgung von kleineren Ferienhäusern

Einer Windgeneratoranlage ist es natürlich völlig egal, welche Objekte sie mit elektrischem Strom zu versorgen hat. Hauptsache, es stimmt die Leistung. Somit eignen sich die nun folgenden Planungsbeispiele genausogut für ein größeres Schrebergartenhäuschen, eine Berghütte, einen Caravan oder evtl. ein Boot. Im Vergleich zu den vorhergehenden Beispielen wird hier u.a. auch ein Kühlschrank eingeplant. Es handelt sich zwar um einen energiesparenden Kühlschrank, aber aus der nun folgenden Tabelle geht hervor, daß dieses nützliche Haushaltsgerät ein hungriger „Energiefresser" ist.

Der in Beispiel E (siehe Tabelle) eingeplante Kühlschrank hat laut Hersteller einen Tagesverbrauch von ca. 300 W an elektrischer Energie. Das sind umgerechnet die aufgeführten 1,1 A an kontinuierlichem Stromverbrauch. Die hier vorausgesetzte Betriebsdauer der restlichen Verbraucher wird in Hinsicht auf individuelle Ansprüche, wie auch auf die jahreszeitabhängigen Nutzungsperioden von Fall zu Fall sehr unterschiedlich ausfallen – was bei der Planung entsprechend zu berücksichtigen (und evtl. umzurechnen) ist.

Als ein preiswerter Energiespeicher dürften für diese Anlage sechs gleiche 12 V/100-Ah-Autobatterien im Parallelbetrieb (nach *Abb. 13.1*) eingesetzt werden. Das ergibt eine stolze Batteriekapazität von 600 Ah.

Nachladebedarf: 495 Ah Verbrauch (aufgerundet) + 24 Ah (4% der Batteriekapazität) auf Selbstentladung ergibt eine Zwischensumme von 519 Ah. Dazu kommen noch 120 Ah (als 20% auf Ladeverluste). Der Nachladebedarf beträgt:

519 Ah + 120 Ah = 639 Ah

Beispiel E – Ferien-/Wochendhäuschen mit einem 12-V-Hausnetz			
Verbraucher	**Stromverbrauch in A**	**im Zeitraum von 14 Tagen**	
		Nutzungsdauer in Stunden	**Kapazitätsverbrauch in Ah**
3 Innenlampen	2,1	4	8,4
Außenlame	1,0	1	1,0
Kaffeekocher	12,5	7	87,5
Fernseher	2,9	10	29,0
Kühlschrank	1,1	336	369,0
			insgesamt 494,9 Ah

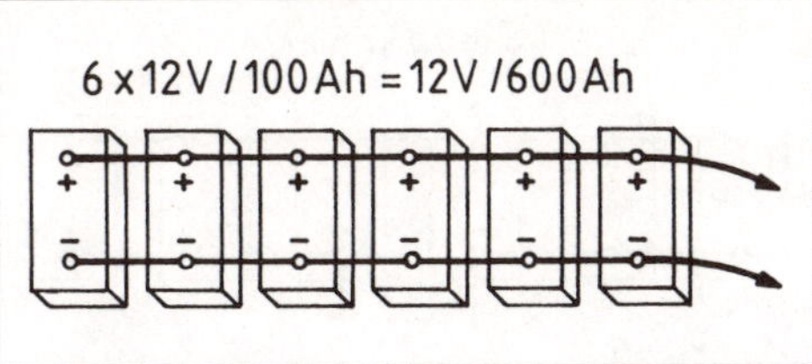

Bild 13.1 Sechs 12 V/100 Ah Batterien ergeben im Parallelbetrieb eine 12 V/600-Ah-Batterie

Der Planung legen wir hier wieder 96 Ladestunden zugrunde, und rechnen nun den benötigten Ladestrom aus:

639 Ah : 96 Ladestunden = 6,66 Ah

Hier müßte ein wesentlich größerer Windgenerator zum Einsatz kommen als in den bisherigen Beispielen. Manchmal läßt sich jedoch der Energieverbrauch durch andere Maßnahmen verringern. In einem Wochenendhäuschen, das z.B. nur zwei Tage pro Woche bewohnt wird, muß der Kühlschrank nicht die ganze Woche laufen. Es genügt, wenn man mit einer zusätzlichen Kühlbox die kritischen Lebensmittel mit dem Auto mitbringt. Der Kühlschrank wird dann z.B. anstelle von 336 Stunden nur ca. 60 Stunden pro 14 Tage eingeschaltet sein (wir sehen uns im nächsten Beispiel an, wie sich dadurch der gesamte Energieverbrauch ändert):

Als ein preiswerter Energiespeicher dürften für die Anlage nach Beispiel F (Tabelle unten) zwei oder drei 12 V/100- Ah-Autobatterien im Parallelbetrieb eingesetzt werden. Das ergibt eine Batteriekapazität von 200 bzw. 300 Ah. Wir begnügen uns in diesem Beispiel mit einer Batteriekapazität von 200 Ah und begründen es damit, daß es sich um ein Objekt handelt, das nur ziemlich unregelmäßig benutzt wird.

Zu dem Nachladebedarf von 192,5 Ah (Verbrauch) kommen 8 Ah auf Selbstentladung (als 4% der Batteriekapazität), Das ergibt 200,5 Ah. Dazu kommen noch 40,1 Ah (als 20% auf Ladeverluste). Der gesamte Nachladebedarf beträgt dann 240,6 Ah (200,5 Ah + 40,1 Ah = 240,6 Ah).

Wir rechnen wieder mit 96 Ladestunden, woraus sich der folgende Ladestrom ergibt:

240,6 Ah : 96 Ladestunden = 2,5 Ah

Beispiel F – Ferien-/Wochendhäuschen mit einem 12-V-Hausnetz

Verbraucher	Stromverbrauch in A	im Zeitraum von 14 Tagen	
		Nutzungsdauer in Stunden	Kapazitätsverbrauch in Ah
3 Innenlampen	2,1	4	8,4
Außenlame	1,0	1	1,0
Kaffeekocher	12,5	7	87,5
Fernseher	2,9	10	29,0
Kühlschrank	1,1	60	66,6
			insgesamt 192,5 Ah

Im Gegensatz zu dem vorhergehenden Beispiel sieht es diesmal mit dem Nachladebedarf wesentlich günstiger aus. Dennoch wäre auch hier in den meisten Fällen eine Kombination mit Solarzellen von großem Vorteil.

An anderer Stelle wurde bereits darauf hingewiesen, daß es gerade für diese Gleichspannung die größte Auswahl an energiesparenden Verbrauchern gibt. Es spricht jedoch nichts dagegen, daß stattdessen einer Versorgungs-Gleichspannung von 24 Volt Vorrang gegeben wird.

Dadurch, daß hier die Batteriespannung auf das Doppelte steigt, ändert sich an dem Berechnungsschema nichts. Der Ladestrom halbiert sich, aber die Ladespannung verdoppelt sich. Mit anderen Worten: der benötigte Windgenerator oder das benötigte Solarzellenmodul werden somit nicht kleiner (weder in der Leistung, noch in den Abmessungen); sie müssen nur ein anderes Spannungs/Ladestrom-Verhältnis aufweisen.

Soweit für eine 24-V-Anlage die gängigen 12-V-Autobatterien – oder alternativ 12-V-Solarbatterien angewendet werden, müssen sie bei größeren Kapazitätsbedarf seriell/parallel (z.B. nach *Abb. 13.2*) verschaltet werden.

In dem nun folgendem Beispiel G einer 24-V-Stromversorgung haben wir – wegen einer leichten Vergleichsmöglichkeit – dieselben Verbraucher und Betriebszeiten wie in der vorhergehenden Tabelle (F) übernommen.

In der Praxis wird es nicht immer gelingen, daß man eine Lampe oder ein Gerät wahlweise so-

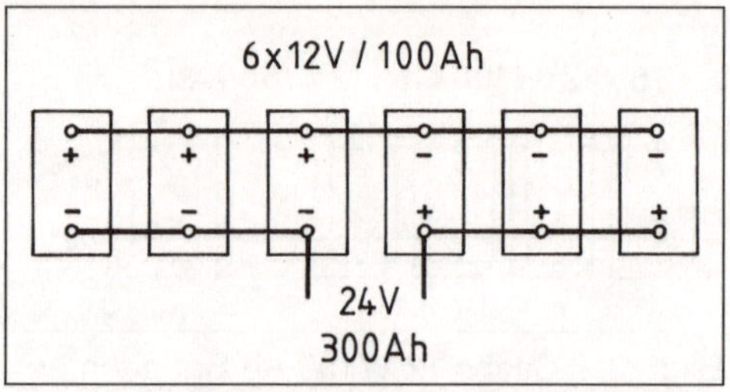

Bild 13.2 Für eine serielle/parallele Verschaltung dürfen nur baugleiche Batterien verwendet werden (dieselbe Spannung, Kapazität und Marke)

wohl für eine 12 V- als auch für eine 24-V-Versorgungsspannung erhält. Ziemlich unproblematisch ist dies bei Kühlschränken oder tragbaren Fernsehern (obwohl wenig bekannt).

Wir wenden – wie im vorhergehenden Beispiel – zwei 12 V/100-Ah-Autobatterien an. Diesmal jedoch in Serie. Zwei 12-V-Batterien in Serie ergeben eine 24-V-Batterie. Die Batteriekapazität beträgt 100 Ah (bei einer Serienschaltung summiert sich nur die Spannung, nicht die Kapazität).

Nachladebedarf: 96,25 Ah Verbrauch + 4 Ah (4% der Batteriekapazität) auf Selbstentladung (ergibt eine Zwischensumme von 100,25 Ah). Dazu kommen noch 20,05 Ah (als 20% auf Ladeverluste). Der gesamte Nachladebedarf beträgt hier 120,3 Ah (100,25 Ah + 20,05 Ah).

Der benötigte Ladestrom beträgt hier: 120,3 Ah : 96 Ladestunden = 1,25 A

Im Vergleich zum vorangegangenen Beispiel hat sich hier – wie erwartet der Ladestrom halbiert. Die Ladespannung muß jedoch doppelt so hoch sein.

Beispiel G – Ferien-/Wochendhäuschen mit einem 24-V-Hausnetz			
Verbraucher	Stromverbrauch in A	im Zeitraum von 14 Tagen	
		Nutzungsdauer in Stunden	Kapazitätsverbrauch in Ah
3 Innenlampen	1,05	4	4,2
Außenlame	0,5	1	0,5
Kaffeekocher	6,25	7	43,75
Fernseher	1,45	10	14,5
Kühlschrank	0,55	60	33,3
			insgesamt 96,25 Ah

Dies bedeutet, daß hier ein Windgenerator installiert werden muß, der für das Laden von 24-V-Batterien ausgelegt ist, bzw. der die benötigte Ladespannung (von ca. 32 V) bei der „häufig vorkommenden" Windgeschwindigkeit zuverlässig liefern kann (nebst dem benötigten Ladestrom).

Bemerkung: Wenn in einem Kleinspannungsnetz Geräte betrieben werden sollen, die für die gängige 230-V-Wechselspannung ausgelegt sind, kann – wie bereits aufgeführt – ein kleiner zusätzlicher Wechselrichter die zur Verfügung stehende 12-V- oder 24-V-Gleichspannung in die 230-V-Wechselspannung umwandeln.

Die Verluste der meisten Wechselrichter liegen jedoch gegenwärtig noch bei ca. 8 bis 10%. Die Anwendung eines Wechselrichters ist daher eigentlich nur dann sinnvoll, wenn spezielle Verbraucher betrieben werden sollen, auf die man nicht verzichten möchte. Als Beispiel kann hier eine elektrische Schreibmaschine dienen.

Die Aufgabe aller angeführten Beispiele besteht vor allem darin, daß der Leser ohne fremde Hilfe eine praktische Berechnung seiner Anlage leicht bewältigen kann.

In der Praxis wird standortbezogen die vorgesehene Nachlade-Zeitspanne des Windgenerators den örtlichen Windverhältnissen angepaßt werden müssen. Es wird windige Standorte geben, bei denen das Nachladen der Batterie im Durchschnitt wesentlich kürzere Zeitspannen als die vorgesehenen 96 Arbeitsstunden (pro 14 Tage) erlaubt. An einigen anderen Standorten wird es dem Wind wiederum nicht gelingen, den Nachladebedarf innerhalb der zwei Wochen zu bewältigen – wenigstens nicht während länger dauernder windarmer Perioden.

Da man aber eine jede solche Anlagen problemlos auch im nachhinein in beliebigem Umfang nachrüsten kann (mit einem Zweitgenerator, mit Solarzellen, wie auch mit weiteren Batterien), ist es nicht schlimm, wenn man bei der Planung Denk- oder Rechenfehler macht. Probieren geht hier oft über Studieren.

14 Kombination von Wind- und Solarenergie

Bei der alternativen Stromversorgung von netzunabhängigen Inselanlagen bietet die Nutzung der Kombination von Wind- und Sonnenenergie eine nahezu ideale Mischung. Hier handelt es sich ja um zwei Energiequellen, die sich naturbedingt ziemlich abwechseln und somit längere Lücken in der Energieversorgung sinnvoll füllen können.

An der eigentlichen Berechnung des Energieverbrauchs bzw. des Ladestromes – wie es in vorhergehenden Kapiteln gemacht wurde – braucht sich nichts zu ändern. Das Nachladen teilt sich dann nach Abb. *14.1* der Windgenerator mit einem Solarzellenmodul.

Es spielt dabei keine Rolle, wie sich diese zwei Ladestromlieferanten ihre Aufgaben untereinander einteilen. Hauptsache, sie bringen den erforderlichen Ladestrom per Saldo auf. Da es an vielen Standorten sehr oft entweder Wind oder Sonne gibt, verläuft das Nachladen der Anlagenbatterie ziemlich ausgewogen. Man kann dann so eine kombinierte Anlage (die in der Literatur oft als Hybridanlage bezeichnet wird) etwas risikofreudiger dimensionieren.

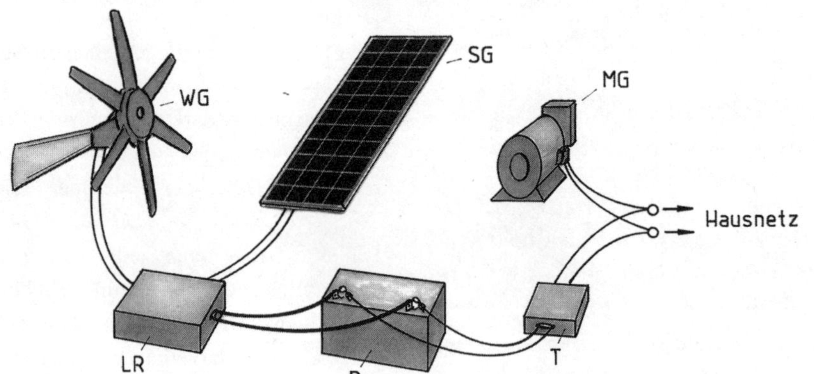

Bild 14.1 Schaltbeispiel einer kombinierten Stromerzeugung: der Windgenerator WG und das Solarzellenmodul SG laden über einen gemeinsamen Laderegler LR die Anlagenbatterie B, die über einen Tiefentladeschutz T das Hausnetz mit Energie versorgt. Es spricht nichts dagegen, daß ein zusätzlicher Motorgenerator MG die Anlagenausrüstung anfüllt.

Legt man bei der Anlage besonderen Wert darauf, daß es unter keinen Umständen zu Energieversorgungslücken kommt, kann ein zusätzlicher kleiner Motorgenerator einspringen. Kleine, mit Benzin oder mit Diesel betriebene Motorgeneratoren sind auch als 12-V- oder 24-V-Gleichspannungs-Generatoren erhältlich und können somit direkt an das Hausnetz angeschlossen werden.

Einige Windgenerator-Hersteller bieten mit ihren Windgeneratoren spezielle Laderegler an, die zwei Eingänge haben: Einen für den Windgenerator, den anderen für ein Solarzellenmodul – wie es auch in Abb. 14.1 eingezeichnet ist. Oft ist jedoch zu dem Windgenerator nur ein Laderegler mit einem einzigen Eingang erhältlich. In dem Fall muß das Solarzellenmodul einen eigenen Laderegler nach *Abb. 14.2* bekommen (den man problemlos als Zubehör von Solarzellenmodulen erhalten kann).

Hierbei sollten an beide Ausgänge der Lade regler – wie eingezeichnet – zwei zusätzliche „Schottky-Dioden" (als Schutzdioden D1, D2) eingelötet werden (soweit sich einem evtl. Schaltplan des Ladereglers nicht entnehmen läßt, daß dies nicht notwendig ist). Andernfalls könnten unerwünschte Fehlfunktionen bei der Laderegelung durch Spannungsunterschiede an den Laderegler-Ausgängen entstehen.

Es ist darauf zu achten, daß die Kapazität der Anlagenbatterie (in Ah) mindestens zehnmal höher ist, als die Summe der maximalen Ladeströme aller parallel arbeitenden Laderegler (soweit es sich nicht um spezielle Laderegler handelt, die nur einen eingeschränkten Ladestrom durchlassen).

Ist in einem der Laderegler-Gehäuse ein Tiefentladeschutz untergebracht, können die Verbraucher nicht an ihn angeschlossen werden, weil der Stromfluß über die eingelöteten Schottky-Dioden dann nur in Richtung vom Laderegler zu der Batterie (aber nicht mehr in der Gegenrichtung) fließen kann. Die Abhilfe ist hier jedoch einfach: Die Verbindung, über

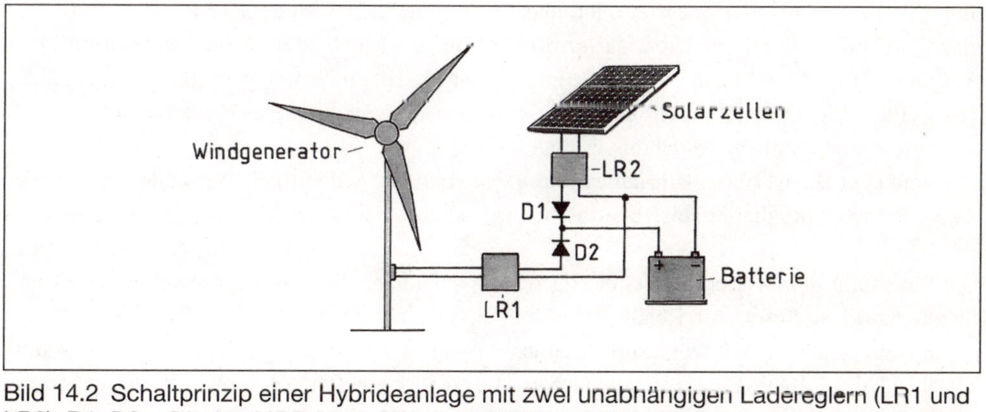

Bild 14.2 Schaltprinzip einer Hybrideanlage mit zwei unabhängigen Ladereglern (LR1 und LR2). D1, D2 = Dioden MBR 2045 CT oder MBR 2545 CT (erhältlich z.B. bei Conrad Electronic)

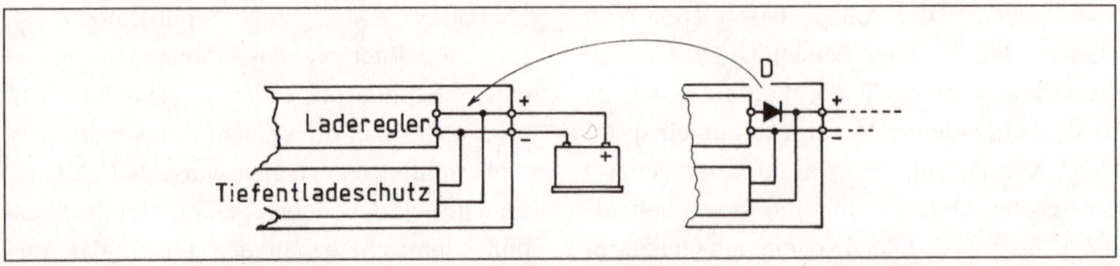

Bild 14.3 Wenn im Laderegler ein Tiefentladeschutz integriert ist, würde eine Schottky-Diode am Laderegler-Ausgang die Nutzung des Tiefentladeschutzes verhindern (siehe Text)

die der Tiefentladeschutz, an dem Laderegler-Ausgang im Inneren des Ladereglers angeschlossen ist, muß nach *Abb. 14.3* unterbrochen werden. Der Tiefentladeschutz wird danach über eine separate Leitung als ein selbständiges Gerät an die Batterie angeschlossen. Als eine technisch elegantere Lösung bietet sich hier das Einlöten der Schottky-Diode direkt im Gehäuse des Ladereglers an – soweit es der Raum im Gehäuse und das technische Know-how des Anwenders erlauben.

Es ist hier auf die max. zugelassene Belastung des Tiefentladeschutzes zu achten, die in den technischen Daten des Gerätes immer aufgeführt ist. Falls beide Laderegler über einen Tiefentladeschutz verfügen, dürfen ihre Ausgänge miteinander nicht parallel verbunden werden: Sie würden ja nicht gleichzeitig abschalten und damit wäre der noch eingeschaltete gebliebene Tiefentladeschutz durch die Verbraucher möglicherweise überlastet.

Die Sache mit dem Tiefentladeschutz dürfte für so manchen Leser mit Recht etwas zu kompliziert scheinen. Obwohl die gesamte Elektronik des Tiefentladeschutzes im Gehäuse des Ladereglers nur quasi als Untermieter sitzt, ist es nicht jedermanns Sache, die im *Bild 14.3* vorgeschlagene Modifikation vorzunehmen. Das ist auch nicht notwendig, denn es gibt genügend preiswerte Tiefentladeschutz-Geräte (Bild 14.4 und 14.5), die sich einfach nach Bild 15.2 (Seite 71) zusätzlich an die Anlagenbatterie anschließen lassen.

Bei der Wahl eines Tiefentladeschutzes ist darauf zu achten, welchen „maximalen Laststrom" das Gerät verkraften kann (den errechnen wir aus dem Strombedarf aller an ihm angeschlossenen Verbraucher, bei denen ein gleichzeitiger Betrieb vorkommen könnte). Der Tiefentladeschutz nach *Bild 14.4* kann höchstens einen Laststrom von 6,3 A verkraften, was nur für eine kleinere Anlage ausreicht. Das Model PTS1 nach Bild 14.5 ist für einen max. Laststrom von stolzen 20 A ausgelegt und somit wesentlich leistungsfähiger als sein „kleineres Brüderchen".

Man darf jedoch beliebig viele Tiefentladeschutz-Geräte nebeneinander an eine Batterie anschließen. Wenn evtl. die Entlade-Endspannung (die Abschaltschwellen) pro Gerät unterschiedlich eingestellt werden können – wie es z.B. auch bei dem Tiefentladeschutz PTS1 nach *Bild 14.5* möglich ist – kann gezielt ein abgestuftes Abschalten eingeplant werden. Wie bereits an anderer Stelle erwähnt wurde, kann z.B. eine Notbeleuchtung erst bei der niedrigsten Abschaltschwelle ausgeschaltet werden – was allerdings bei einer einigermaßen gut dimensionierten Anlage bei etwas Glück gar nicht vorkommen wird.

Die eigentliche Tiefentladeschutz-Elektronik, die evtl. bereits in einem der Laderegler (oder sogar in beiden Ladereglern) integriert ist, kann dann eventuell negiert werden.

Ordnungshalber sollte jedoch darauf hingewiesen werden, daß so ein elektronischer Tiefentladeschutz einen gewissen kontinuierlichen Stromverbrauch hat. Dieser liegt zwar typenabhängig meistens „nur“ bei ca. 1 bis 5 mA, aber es ist immerhin ein „Energiefresser“, der in dem Fall keine Gegenleistung erbringt. Getreu dem Motto „Füttere keine Pferde, die Du nicht reiten kannst“ sollte man nach Möglichkeit im Inneren des Gerätes die Stromzufuhr zu diesem nutzlosen „Untermieter“ unterbrechen (durchzwicken-) – oder von jemandem, der sich auskennt, durchtrennen lassen).

Eine Lösung nach Bild 15.2 (S. 71) ist allerdings nur dann notwendig, wenn an beiden (bzw. allen) Laderegler-Ausgängen zusätzliche Schutzdioden (D1 und D2 nach Bild 14.2) eingelötet wurden – was jedoch nicht bei jeder Laderegler-Type notwendig ist. Hier lohnt es sich also, daß man diese Frage mit dem Lieferanten der Laderegler konsultiert – oder dies zumindest versucht. Die Chancen auf Erfolg stehen aber in der Praxis erfahrungsgemäß auf etwas zu wackligen Füßen und somit bleibt die Lösung nach Bild 15.2 (S. 71) bei kombinierten Anlagen oft als der einzige gute Ausweg übrig.

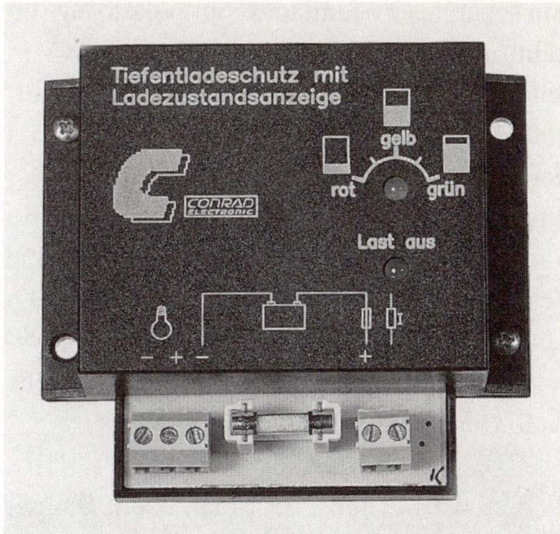

Bild 14.4 12 V-Tiefentladeschutz mit Ladezustandsanzeige: Dieses Gerät eignet sich optimal zum nachträglichen Einbau; die max. Strombelastung (der Laststrom) beträgt hier 6,3 A. Der Eigenstromverbrauch liegt hier bei ca. 4 mA; Abmessungen: 98 x 88 x 35 mm; informativer Preis: DM 49,95 (Anbieter: Conrad Electronic)

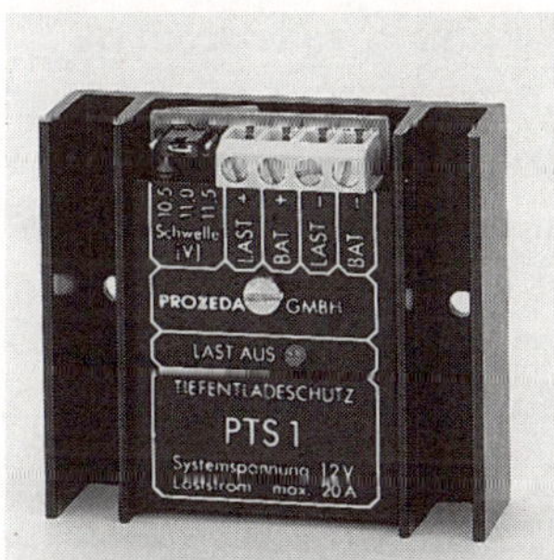

Bild 14.5 12 V-Tiefentladeschutz-Gerät „PTS1“: Als Besonderheit können hier drei verschiedene Abschaltschwellen programmiert werden (wahlweise 10,5 V, 11 V oder 11,5 V); Rückschaltschwelle liegt bei 12,3 V; Eigen stromverbrauch ca. 1,5 mA; Abmessungen: 60 x 55 x 20 mm; informativer Preis: DM 59,95 (Anbieter: Conrad Electronic)

Ein separates Tiefentladeschutz-Gerät hat ohnehin meistens noch andere zusätzliche Vorteile, die ein im Laderegler integrierter Tiefentladeschutz nicht aufweist: So zeigt beispielsweise das Gerät nach Bild 14.4 über eine LED, die ihre Farbe stufenlos von rot über gelb nach grün ändert, den Ladezustand der Batterie an. Bei dem Gerät nach Bild 14.5 können wiederum drei verschiedene Abschaltschwellen programmiert werden (siehe tech. Daten unter der Abbildung).

Nun zu der Leistung der Solarzellen: Bei der Planung darf davon ausgegangen werden, daß moderne kristalline Solarzellen bei voller Sonnenbestrahlung ca. 1,4 bis 1,7 Watt pro Quadratdezimeter Zellenfläche an elektrischer Leistung liefern. In einem Solarzellenmodul sind allerdings zwischen einzelnen Solarzellen schmale Zwischenräume, wodurch bei der Modulenbruttofläche bestenfalls nur eine Maximumleistung von ca. 1,3 bis 1,65 Watt pro Quadratdezimeter zu erzielen ist.

Einen Quadratdezimeter (= eine Fläche von 10 x 10 cm) kann man sich leicht vorstellen, und es erleichtert eine grobe Schätzung der Leistung in bezug auf die Solarzellenfläche. So hätte beispielsweise ein Solarzellenmodul von der Größe dieses Buches eine Solarzellenfläche von ca. 3,68 dm^2. Die Maximumleistung eines derartig kleinen Modules würde demnach etwa 4,78 bis 6 Watt betragen (typenbezogen).

In der Praxis wird jedoch bei der Planung umgekehrt vorgegangen: Man sucht sich unter diversen Solarmodulen ein solches aus, dessen Parameter dem beabsichtigen Vorhaben am besten entsprechen und erst danach wird überlegt, ob – oder wo – sich so etwas anbringen läßt. In dem Zusammenhang sollte man bedenken, daß die Solarzellenfläche möglichst genau zum Süden hin ausgerichtet werden muß – wobei auch der optimale Neigungswinkel nach *Abb. 14.4* zu berücksichtigen ist).

Die Frage eines richtig gewählten Verhältnisses zwischen der Leistung des Windgenerators und der Leistung des Solarzellenmodules hängt vor allem davon ab, während welcher Monate des Jahres der höchste Energiebedarf beansprucht wird.

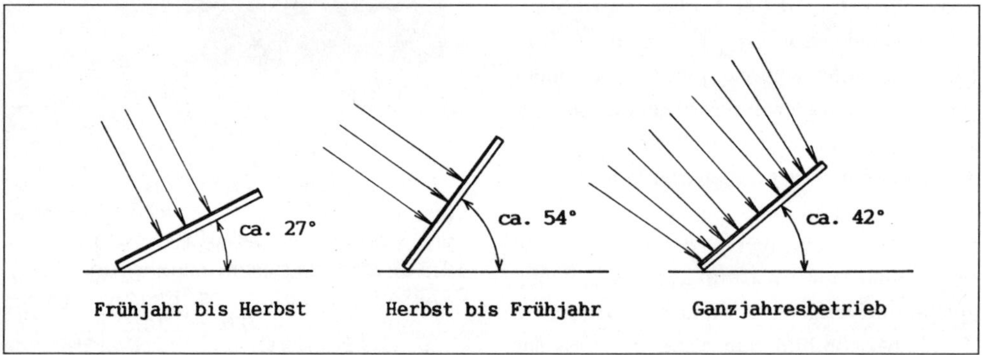

Bild 14.6 Optimale Neigung einer Solarzellenfläche, die zum Süden ausgerichtet ist.

Bei einem Schrebergartenhaus, das während der Wintermonate kaum bewohnt wird, könnte eine Leistungsteilung von 1:1 am besten sein. Dabei dürfte berücksichtigt werden, daß der Wind wohl bis zu 24 Stunden pro Tag genutzt werden kann, aber die Sonne nicht. Die vorgesehene (auf die Windgeschwindigkeit bezogene) Leistung des Windgenerators kann daher auch bei einem angestrebten Kräfteverhältnis von 1:1 etwas niedriger sein, als die des Solarzellenmoduls.

Wenn dagegen auf eine jahreszeitunabhängige Stromversorgung Wert gelegt wird, ist davon auszugehen, daß es insbesondere im Dezember und Januar oft sehr wenig Sonne gibt und die Tage kurz sind. Hier wird vor allem der Windgenerator den Bedarf an elektrischem Strom decken müssen. Das Solarzellenmodul wird in manchen Wintern nur tröpfchenweise Strom liefern können. Der Windgenerator sollte daher so dimensioniert werden, daß er den größeren Teil der im Winter benötigten Energie liefern kann.

In der Praxis können die Ansprüche an Energieversorgung von Fall zu Fall sehr unterschiedlich sein. So kann z.B. in einem Wochenendhäuschen der größte Verbrauch an elektrischer Energie während der Sommermonate anfallen, wenn z.B. eine kräftige elektrische Kühlanlage (Klimaanlage) betrieben wird. Den Strom werden hier Solarzellen liefern müssen, denn wenn es heiß ist, weht kein Wind. In einem solchem Fall wird es sich lohnen, wenn die Leistung des Solarzellenmoduls wesentlich größer wird als die des Windgenerators.

Bei kleineren Inselanlagen können in der Regel zusätzliche Solarzellen auch erst nachträglich angebracht werden, falls sich herausstellt, daß der Wind die vorgesehene Aufgabe nicht zufriedenstellend bewältigen kann.

Eine derartige Nachrüstung setzt keine besonderen Vorsorgemaßnahmen im Planungsstadium des Windgenerators voraus. Nur die eigentliche Kapazität des Akkumulators darf – wie bereits erklärt – etwas bescheidener dimensioniert sein, da durch die zusätzlichen Solarzellen die eventuellen Versorgungslücken beim Ladestrom naturbedingt kürzer werden (da sich Sonne und Wind abwechseln).

Berechnung der Solar-Ladeleistung

Es gibt eine Unmenge an handelsüblichen Solarzellenmodulen: kleine, große, dicke, dünne usw. Bei der Wahl des Moduls ist auf folgendes zu achten:

- das Solarmodul sollte mit „kristallinen Solarzellen“ bestückt sein. Die sogenannten amorphen Solarmodule (auch „Dünnschicht-Module“ genannt) haben immer noch einen viel zu niedrigen Wirkungsgrad und – was noch schlimmer ist – sie „ermüden“ zu schnell beim Betrieb im Freien.
- Die maximale Modulen-Ausgangsspannung bei Belastung (auch als Nennspannung bezeichnet) sollte das Nachladen der Batterie auch noch dann ermöglichen, wenn die Intensität der Sonnenstrahlen etwas bescheidener ist.

Bei einem Solarzellenmodul, daß z.B. nur während des Sommers eine 12 V-Batterie nachladen soll, darf man sich mit einer Nenn-

Bild 14.7 AEG-Solarmodul MQ 36/53: Nennleistung 53 W, Nennstrom 3,1 A, Nennspannung 17 V; Abmessungen 459 x 976 x ca. 11 mm

spannung (nicht Leerlaufspannung!) von ca. 17 V zufrieden geben. Wenn das Solarmodul aber z.B. von April bis September gut funktionieren soll, wäre eine Nennspannung von etwa 18,5 bis 19 V vorteilhafter. Hier können die Solarzellen auch bei etwas schwächeren Sonnenstrahlen immer noch eine „brauchbare" Ladespannung liefern (damit ist eine Spannung gemeint, die höher ist, als die Spannung der Batterie). Falls so ein Solarmodul auch während der Wintermonate angewendet wird, sollte seine Nennspannung möglichst oberhalb von 20-V liegen. Für eine 24 V-Anlage sind selbstverständlich doppelte Nennspannungswerte angesagt (man schaltet da oft mehrere Solarzellenmodule in Serie, um die optimale Nennspannung zu erhalten).

- Der Modulen-Nennstrom (Strom bei max. Belastung) sollte dabei etwas höher liegen, als der theoretisch benötigte Ladestrom („Nachladestrom") der Anlagen-Batterie.

Sehen wir uns nun interessehalber das AEG-Solarzellenmodul in Bild 14.7 an: Seine Nennleistung beträgt 53 Watt, sein Nennstrom 3,1 A und seine Nennspannung 17 V. Es handelt sich hier also um ein „Schönwetter-Modul", daß sich vor allem für die Anwendung während der Sommerperiode eignet.

Dieses Beispiel hat aber nur einen rein informativen Charakter. Soweit wir nur eine kleinere Anlage errichten möchten, wird ein wesentlich kleineres (und preiswerteres) Modul ausreichen. Bei einer netzgekoppelten Anlage müßten dagegen viele solcher großen Module miteinander verschaltet werden, um eine entsprechend große Solarzellenfläche bilden zu können.

Bei konkreten Planungsüberlegungen dürfte als Ausgangspunkt der Nachladebedarf der verbrauchten Batteriekapazität dienen, den wir u.a. in den Planungsbeispielen A bis G in Kap. 11 bis 13 jeweils ausgerechnet haben.

So haben wir z.B. im Planungsbeispiel A (11. Kapitel/Seite 52) einen Nachladebedarf von 47,76 Ah pro 14 Tage ermittelt. Wenn z.B. die Hälfte dieses Nachladebedarfs – also ca. 24 Ah – die Solarzellen aufbringen sollten, müßte man nach einer entsprechenden „Solarleistung" Ausschau halten.

Natürlich dreht sich nun alles um die „Preisfrage" von welcher Solarzellen-Leistung man jahreszeitbezogen ausgehen kann. Noch vorteilhafter wird es, wenn man anstelle des Begriffes „Leistung“ gleich mit einer „Flächengröße“ planen kann.

Mit der Flächengröße läßt sich erfahrungsgemäß am einfachsten planen, wenn man mit „Kästchen“ von 1 dm^2 (10 x 10 cm) rechnet. 1 m^2 Solarzellenfläche teilt sich „nur“ in 100 solche „Miniflächen“; Das erleichtert die Vorstellung.

Die nun folgende Tabelle zeigt direkt, wieviel von der verbrauchten Kapazität einer 12-V-Batterie innerhalb von 14 Tagen von einer 1 dm^2 Solarzellenfläche jahreszeitbezogen (statistisch) nachgeladen werden kann:

Monat:	Nachgeladene Kapazität pro 1 dm^2 Zellenfläche während 14 Tagen:
Januar	0,8 Ah
Februar	1,6 Ah
März	2,4 Ah
April	3,2 Ah
Mai	3,8 Ah
Juni	3,9 Ah
Juli	4,0 Ah
August	3,7 Ah
September	3,0 Ah
Oktober	1,9 Ah
November	0,9 Ah
Dezember	0,7 Ah

Zu beachten: Bei einer 24-V-Batterie halbieren sich die hier angegebenen Ah-Werte (pro 1 dm^2 Zellenfläche). Die Solarzellen müssen bei derselben Leistung (in Watt) eine doppelt so hohe Ladespannung aufbringen, womit sich mathematisch bedingt der Ladestrom halbiert (Leistung in W = Spannung in V x Strom in A).

Nun zurück zu unserem Planungsbeispiel A aus dem Kapitel 11: Bei einer Schrebergartenhäuschen-Anlage, die lückenlos auch während der Wintermonate arbeiten soll, wäre hier der Monat Dezember als der kritischste Monat einzustufen. Eine Solarzellenfläche von ca. 34 dm^2 (0,34 m^2) würde in diesem Monat etwa (34 x 0,7 Ah) 23,8 Ah nachladen können.

Falls wir uns damit begnügen, daß hier die Stromversorgung nur (oder zumindest „überwiegend“) zwischen April und September voll beansprucht wird, bildet der Monat September „das schwächste Glied der Kette“. Hier könnte eine Solarzellenfläche von ca. 8 dm^2 die volle Hälfte des Nachladebedarfs decken (3 Ah x 8 = 24 Ah).

Wenn es jedoch im Juni und Juli wenig Wind gibt, müßten unter Umständen die Solarzellen das Nachladen der Anlagenbatterie im vollen Umfang bewältigen. Der Begriff „voller Umfang“ kann allerdings situationsbedingt sehr variieren. Einige Verbraucher – wie Leuchtkörper, Kühlschrank, Fernseher, Springbrunnen usw. werden ja jahreszeitbezogen unterschiedlich betrieben.

Viele Schwerpunkte des Energieverbrauchs werden sich ohnehin erst im Laufe der Zeit herauskristallisieren. Wie schon an anderer Stelle erwähnt wurde, läßt sich aber jede Anlage auch im nachhinein bedarfsbezogen nachrüsten und eventuelle Denk- oder Einschätzungsfehler können leicht behoben werden.

15 Mehrere Windgeneratoren im Parallelbetrieb

Ein Parallelbetrieb von zwei (oder mehreren) Windgeneratoren setzt keine besondere Maßnahmen oder Berechnungen voraus. Es macht auch nichts aus, wenn es sich um unterschiedliche Generatoren handelt.

Im einfachsten Fall können zwei oder auch mehrere Einphasen-Windgeneratoren an einen gemeinsamen Laderegler nach *Abb. 15.1* über zusätzliche Schottky-Dioden angeschlossen werden – soweit sie (oder andere Halbleiter mit ähnlicher Funktion) nicht bereits direkt in den Windgeneratoren integriert sind. Andernfalls würde der Generator mit niedrigerer Ausgangsspannung den Strom des Generators mit höherer Ausgangsspannung verbrauchen.

Dies setzt allerdings voraus, daß die technischen Parameter des Ladereglers es erlauben: der Laderegler muß für eine Belastung ausgelegt sein, die etwas höher ist, als beide Windgeneratoren bei einem Sturm liefern können.

Andernfalls müssen einzelne Laderegler nach *Abb. 15.2* angewendet werden, die über zusätzliche Schottky-Dioden die Anlagenbatterie nachladen.

Das separat eingezeichnete Tiefentladeschutz-Gerät wurde bereits im vorhergehenden Kapitel beschrieben und in zwei Ausführungen abgebildet. Für evtl. Tiefentladeschutz-Elektronik, die direkt in einem der

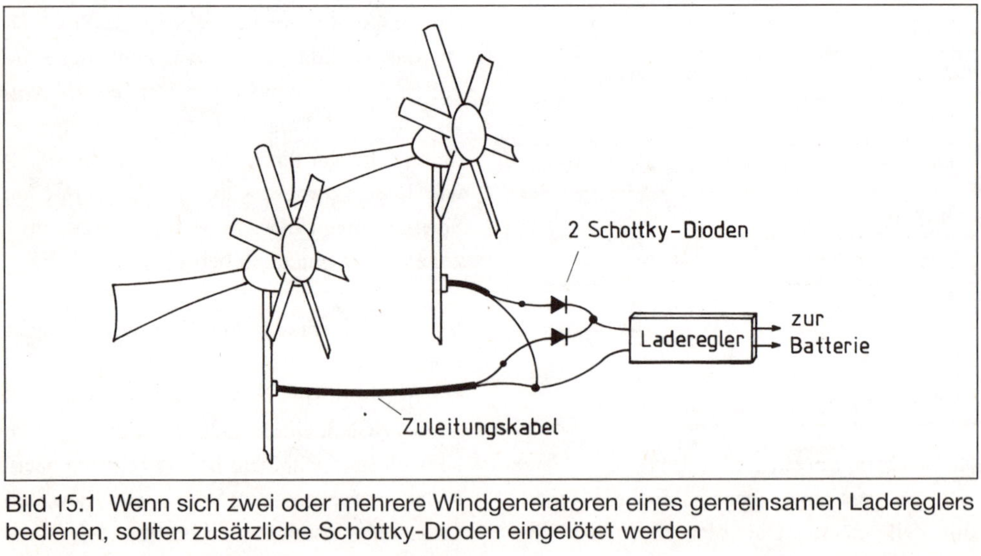

Bild 15.1 Wenn sich zwei oder mehrere Windgeneratoren eines gemeinsamen Ladereglers bedienen, sollten zusätzliche Schottky-Dioden eingelötet werden

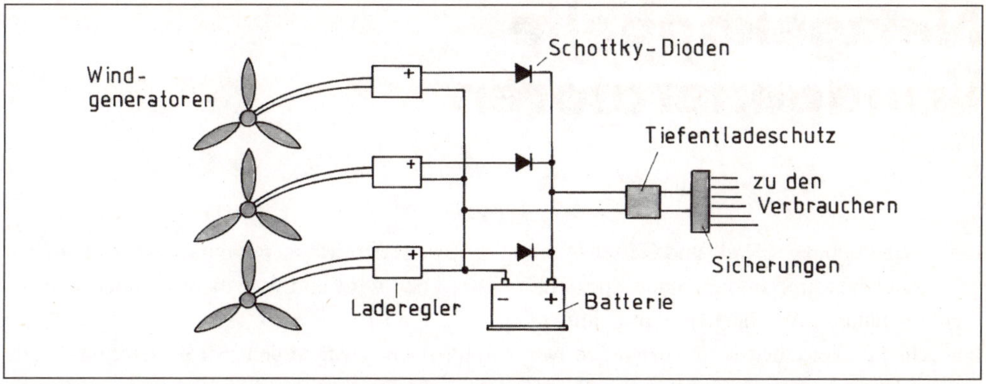

Bild 15.2 Windgeneratoren im Parallelbetrieb: Hier hat jeder Windgenerator seinen eigenen Laderegler; die eingezeichneten Schottky-Dioden verhindern, daß sich die unterschiedlichen Ausgangsspannungen gegenseitig „bekämpfen"

Laderegler (bzw. in mehreren Ladereglern nach Bild 15.2) integriert ist, gilt dasselbe, was über dieses Thema im vorhergehenden Kapitel geschrieben wurde: Nach Möglichkeit sollte also auch hier jeweils die Stromzufuhr zu der „ungenutzten Schaltung" der ganzen Tiefentladeschutz-Elektronik unterbrochen werden.

Die im Bild 15.2 eingezeichneten Sicherungen entfallen, wenn sie bereits im Tiefentladeschutz-Gerät integriert sind – es sei denn, man dimensioniert die im Tiefentladeschutz integrierte(n) Sicherung(en) nur als Hauptsicherung(en) und bringt noch weitere zusätzliche Sicherungen für einige der kritischen Sektionen an.

16 Netzgekoppelte Windgeneratoren

Ein netzgekoppelter „Haus und Garten Windgenerator" benötigt immer einen speziellen Wechselrichter (Wandler), um mit dem öffentlichen elektrischen Netz verbunden werden zu können. *Abb. 16.1* zeigt das Schaltbeispiel eines Dreiphasen-Windgenerators. Wenn das Haus weniger Energie verbraucht als der Windgenerator liefert, werden die Überschüsse in das öffentliche Netz eingespeist. Wenn dagegen mehr Energie benötigt wird, als der Windgenerator gerade erzeugt, wird sie aus dem Netz bezogen.

Bereits am Anfang der Planung einer netzgekoppelten Anlage sollten unbedingt zwei kompetente Stellen konsultiert werden:

a) Die zuständige Baubehörde: Um in Erfahrung zu bringen, bis zu welchem Windraddurchmesser es keine Probleme mit dem Baugenehmigungsverfahren geben wird und worauf sonst noch zu achten ist.

b) Den zuständigen Stromlieferanten: Er kann sehr hilfreiche Empfehlungen bzgl. der Wahl des optimalen Wechselrichters geben und informiert über Vorbedingungen, auf deren Einhaltung der Stromlieferant – der zugleich zum Stromabnehmer wird – besteht.

Beide aufgeführten Konsultationen sind kostenlos und erfahrungsgemäß ist mit einer freundlichen, partnerschaftlichen Zusammenarbeit zu rechnen.

Bei netzgekoppelten Anlagen ist der Stromlieferant (die zuständige Elektrizitätsgesellschaft) grundsätzlich berechtigt, ihre Anforderungen zu bestimmen. Sie hat auch das

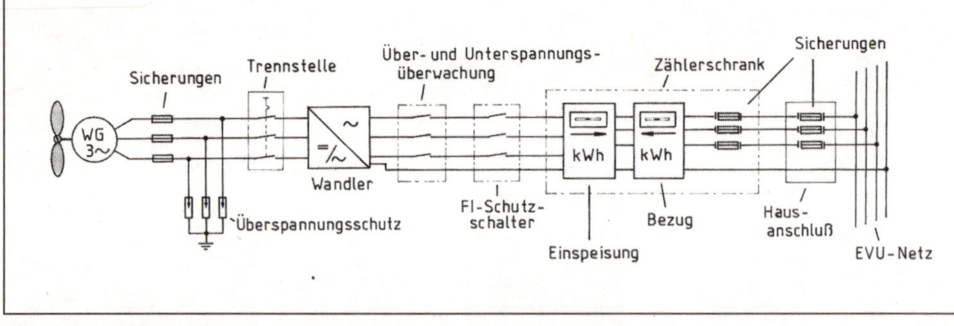

Bild 16.1 Schaltbeispiel eines netzgekoppelten Dreiphasen-Windgenerators, der an das öffentliche (EVU) Netz angeschlossen ist

Recht, zu verlangen, daß die Installation von einem Elektroinstallateur errichtet wird, der – wie es offiziell heißt – im Installateurverzeichnis des Elektrizitätsversorgungsunternehmens eingetragen ist.

Das Wort „errichtet“ bedeutet in der Praxis nicht, daß der verantwortliche Installateur auch eigenhändig die Installationen ausführen muß. Ein privater Errichter kann sie unter Aufsicht von einem kompetenten Elektriker in einem vereinbarten Umfang selbst anlegen. Der Elektriker kann sich dabei auf einige Ratschläge und auf eine Endkontrolle beschränken, bzw. einige der komplizierteren Arbeiten durchführen.

Netzgekoppelte Windgeneratorenanlagen werden oft mit solarelektrischen Generatoren (Solarzellenmodulen) nach *Abb. 16.2* kombiniert. Für derartige Anlagen gibt es spezielle Wechselrichter, die über zwei separate Eingänge verfügen: einen für den Windgenerator, den anderen für das Solarzellenmodul (bzw. für eine größere Solarzellenfläche, die aus mehreren Solarzellenmodulen besteht).

Netztaugliche Wechselrichter sind teure Geräte, bei denen der Preis verständlicherweise mit der Leistung steigt. Man sollte daher die Leistung dieses Gerätes mit der Leistung des Windgenerators bzw. auch der des Solarzellenmodules gut abstimmen.

Was die Vergütung für den eingespeisten, umweltfreundlich erzeugten Strom anbelangt, gibt es gegenwärtig immer noch keine festen Tarife. Eine aktuelle Auskunft kann diesbezüglich der Stromlieferant geben, der ja in dem Fall gleichzeitig zum Stromabnehmer wird.

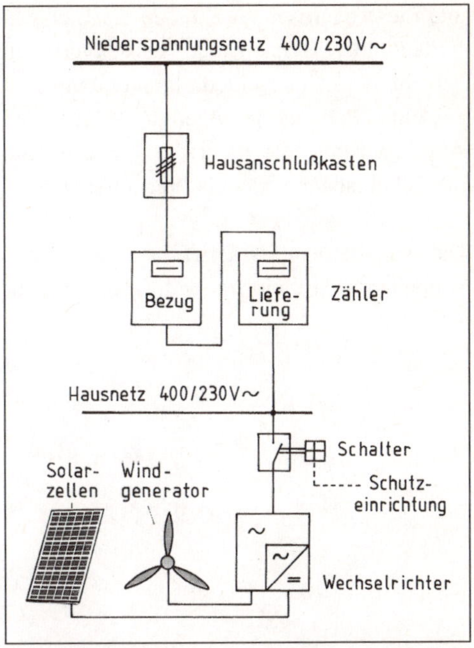

Bild 16.2 Schaltbeispiel einer kombinierten netzgekoppelten Wind/Solaranlage

Momentan ist die ganze Sachlage noch etwas unklar. Einige Politiker setzen sich mit viel Begeisterung aber mit wenig Kompetenz dafür ein, daß die Einkaufstarife für diesen Strom gravierend höher sein sollten, als die gängigen Verkaufstarife der Elektrizitätswerke sind – was teilweise (regional) durchgesetzt wurde.

Die Sache hat jedoch eine große Schwachstelle: Der Besitzer eines netzgekoppelten Windgenerators kann problemlos aus der Steckdose eines Nachbarn den relativ preiswerten Netzstrom beziehen und diesen teuer an den Stromlieferanten als „umweltfreundlichen Strom“ zurückverkaufen. Es ist derselbe Trick, wie wenn ein Landwirt im Supermarkt preiswerte Eier aus Legebatterien einkauft und diese dann seinen Kunden als Eier von freilaufenden Hennen teuer zurückverkauft. Nur mit dem Unterschied, daß bei den Eiern ausschließlich der gutgläubige Käufer den Aufpreis zahlt, und nicht die ganze Nation (als Pflichtabgabe oder als Preisaufschlag).

Daher sollte man als Errichter einer netzgekoppelten Anlage nicht unbedingt davon träumen, daß sich hier das investierte Geld zurückverdienen läßt. Wer so ein Vorhaben nicht aus edlen Beweggründen oder einfach aus Spaß an der Sache machen will, dem ist davon ganz einfach abzuraten. Besonders dann, wenn er selber nicht handwerklich derartig begabt ist, daß er die Installation, wie auch die Wartung eigenhändig bewältigen kann.

Wechselrichter und Spannungswandler

17

Wechselrichter – die auch als Spannungswandler, Wandler oder Inverter bezeichnet werden – sind in sehr unterschiedlichen Ausführungen und Leistungsklassen als Fertigprodukte erhältlich.

Wie bereits an anderen Stellen angesprochen wurde, sind spezielle (teure) Wechselrichter für die Netzeinspeisung unumgänglich. Diese Geräte müssen die ihnen zugeführte Wechsel- oder Gleichspannung aus dem Windgenerator bzw. auch noch die Gleichspannung aus den Solarzellenmodulen in eine perfekte Netzspannung umwandeln können.

Darunter ist eine „genau netzidentische" Wechselspannung zu verstehen, die zudem auch eine sehr gute 50 Hz-Sinusform aufweist. Der spezielle „netztaugliche" Wechselrichter muß fähig sein, die von ihm „gelieferte" Spannung auch exakt phasengleich an das öffentliche Netz ankoppeln zu können, ohne daß es dabei zu Stromstößen kommt.

Der Wechselrichter bestimmt hier die Qualität des erzeugten Wechselstroms, der ins öffentliche Netz als „Ware" verkauft wird.

„Netztaugliche" Wechselrichter (Inverter), offiziell als „Wechselrichter für Eigenerzeugungsanlagen" bezeichnet, werden nach der Art ihrer „Kommutierung" in zwei Gruppen eingeteilt:

Bild 17.1 Ausführungsbeispiel eines „netztauglichen" Wechselrichters (Inverters), der für die Wandmontage vorgesehen ist.

a) Selbstgeführte (eigenkommutierte) Wechselrichter
b) Netzgeführte (fremdkommutierte) Wechselrichter

Das klingt nun ziemlich kompliziert, ist aber in Wirklichkeit sehr einfach zu erklären:

Selbstgeführte Wechselrichter benötigen keine „fremde" Wechselspannungsquelle zur Kommutierung (also um eine netzidentische Spannung und Frequenz erzeugen zu können). Für den „Netzparallelbetrieb“ (für die Ankopplung an das öffentliche Netz) benötigen sie aber die vom Netz angezapfte Frequenz als Impulsstöße nur für die Synchronisation (Zündimpuls-Steuerung).

Ein „selbstgeführter“ Wechselrichter kann also auch bei einer Störung im öffentlichen Netz die Energieversorgung des Objektes voll übernehmen, so weit es genügend Wind (bzw. Sonne) gibt und soweit die Leistung des Wind- oder Solargenerators sozusagen nicht nur einen „Tropfen auf dem heißen Stein“ darstellt.

Netzgeführte Wechselrichter benötigen dagegen zur Kommutierung eine fremde, nicht zum Wechselrichter gehörende Wechselspannungsquelle – also die Wechselspannungs-Impulse aus dem öffentlichen Netz. Wenn es da zu einem Spannungsaufall kommt, kann

Bild 17.2 Der „Sunline-Sinus-Wechselrichter“ wandelt eine 10,5 bis 16 V-Gleichspannung in eine sehr gute 230-V-Sinus-Wechselspannung um. Er ist für eine Dauerbelastung von 150 Watt und eine kurzzeitige Überlastung bis zu 300 Watt ausgelegt und gegen höhere Überlast gesichert. Der Wirkungsgrad liegt bei 90% (Foto Conrad Electronic)

ein „netzgeführter“ Wechselrichter nicht mehr arbeiten (ist nicht „inselbetriebsfähig“).

Inwieweit man bei der Anschaffung eines Wechselrichters auf den Aspekt der „Inselbetriebsfähigkeit“ achten sollte, ist wieder nur eine reine Ermessensfrage. Eine länger dauernde Störung oder Stromunterbrechung hat bei einem Wohnhaus u.a. zufolge, daß Kühlschrank und Tiefkühltruhe auftauen und daß der Öl- oder Gasheizkessel außer Betrieb sind (die Steuerelektronik, die Umlaufpumpen und bei einem Ölheizkessel die Ölpumpe, der Bläser usw. fallen aus).

Hier kann ein Wechselrichter, der fähig ist auch ohne Netzspannung zu arbeiten, willkommene Dienste leisten. Es handelt sich allerdings um Dienste, die erfahrungsgemäß nur ausnahmsweise in Anspruch genommen werden könnten – wenn überhaupt. Jedenfalls ist es aber gut zu wissen, worin der Unterschied zwischen einem „selbstgeführten“ und einem „netzgeführten“ Wechselrichter (Inverter) besteht.

Die Qual der Wahl liegt jedoch bei so einem „netztauglichen“ Wechselrichter vor allem darin, daß er gut auf den vorgesehenen Windgenerator abgestimmt werden sollte. Da kleinere netzgekoppelte Windgenerator-Anlagen sehr oft auch mit solarelektrischen Generatoren kombiniert werden, ist die Sache noch etwas komplizierter. Der Wechselrichter muß hier zwei Eingänge haben: Einen für den Windgenerator, den anderen für Solarzellenmodule.

Solarzellenmodule sind standardmäßig in allen nur denkbaren Größen und Ausführungen

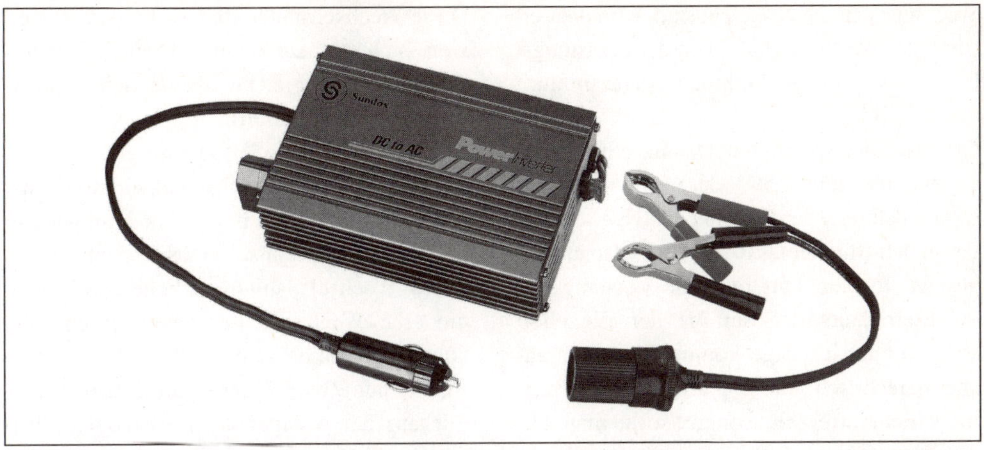

Bild 17.3 Der hier abgebildete kleine „Mobil-Wechselrichter" wandelt eine 12 V-Gleichspannung in eine 230 V-Wechselspannung um. Seine Dauerausgangsleistung beträgt 220 Watt, seine Spitzenleistung stolze 450 Watt und sein Wirkungsgrad liegt oberhalb von 90%. Trotz seiner kleinen Abmessungen von 170 x 105 x 45 mm verfügt er über einen Überast,- Überhitzungs-, Kurzschluß-, Tiefentladungs- und Unterspannungs schutz und eignet sich laut Hersteller für den Betrieb von u.a. Motoren, Elektrowerkzeugen, Fernsehgeräten, Lampen usw. (Foto Conrad Elec tronic)

erhältlich, lassen sich zudem in vielen Kombinationen verschalten und im Prinzip an jeden Wechselrichter auch im nachhinein anpassen. Hier ist nur darauf zu achten, daß der Wechselrichter für die vorgesehene Solarzellenfläche auch optimal dimensioniert ist.

Wenn es sich dagegen um einen einfachen Wechselrichter für eine netzunabhängige „Inselanlage" handelt, können unter Umständen die Ansprüche auf seine technischen Parameter ziemlich bescheiden sein. Inwieweit „bescheiden", hängt vor allem davon ab, welche Geräte der Wechselrichter betreiben soll.

Den meisten Lesern werden wohl die kleinen preiswerten Auto-Wechselrichter (Gleichstrom/Wechselstrom-Spannungswandler) bekannt sein, die man im Auto an den 12-V-Stekker des Zigarettenanzünders anschließt und an deren Ausgang eine 230-V-Wechselspannung zur Verfügung steht. Es gibt aber auch gehobenere bzw. größere Wechselrichter, die eine Gleichspannung von 12 V oder 24 V in eine 230 V-Wechselspannung umwandeln.

Bei allen diesen unabhängig arbeitenden Wechselrichtern interessieren uns (neben dem Preis) eigentlich nur vier Parameter:

a) Leistung (in Watt)
b) Spannungsform (Spannungsqualität)
c) Wirkungsgrad (in %)
d) Leerlauf-Stromaufnahme

Die benötigte Leistung ergibt sich logischerweise aus dem vorgesehenen Bedarf. Wenn man von einem 12-V- oder 24-V-Gleichspannungs-Hausnetz auch noch irgendwelche Verbraucher betreiben möchte, die für eine 230-V-

Wechselspannung ausgelegt sind, wird die Leistung des Wechselrichters von dem Leistungsbedarf des „größten“ Verbrauchers bestimmt.

Grundsätzlich spricht jedoch – bis auf den Energieverlust von ca. 5% oder 6 % – nichts dagegen, daß man das Hausnetz einer Inselanlage gleich für die 230-V-Wechselspannung auslegt. In dem Fall muß die Leistung des Wechselrichters der Summe der Einzelleistungen aller in Frage kommenden Verbraucher gerecht sein, die hypothetisch gleichzeitig betrieben werden. Konkret sollte man z.B. damit rechnen, daß unter Umständen gleichzeitig der Fernseher, der Kühlschrank, der Wasserkocher und evtl. einige Lampen betrieben werden – und das alles müßte der Wechselrichter bewältigen können.

Der Begriff „Spannungsform“ dürfte so manchem Leser etwas mysteriös vorkommen. Die Sache ist aber in Wirklichkeit ganz einfach: die Wechselspannung in unserem Netz hat eine saubere Sinusform. Preiswertere Wechselrichter produzieren dagegen nur eine sogenannte Trapezspannung, die man im Vergleich zu der „sauberen Sinusform“ vereinfacht als eine „etwas unsaubere Treppenspannung“ bezeichnen kann.

Ein elektrischer Wasserkocher, ein Haarfön, eine Leuchte oder eine rein elektromechanische Schreibmaschine nehmen auch mit einer solchen Trapezspannung genügend. Fernseher, Audiogeräte und PCs geben sich mit einer zu „unsauberen“ Trapezspannung nicht – bzw. seltener – zufrieden (was jedoch markenabhängig variieren kann). In dem Fall sind Wechselrichter mit einer guten sinusförmigen Ausgangsspannung erwünscht.

Diese Wechselrichter sind zwar etwas teurer, weisen aber oft „automatisch“ auch einen höheren Wirkungsgrad auf als die kleinen preiswerten Auto-Wechselrichter.

Es versteht sich von selbst, daß ein möglichst hoher Wirkungsgrad besonders dann wichtig ist, wenn das ganze Hausnetz mit einer 230-V-Wechselspannung arbeiten soll. Gute moderne Wechselrichter haben einen Wirkungsgrad von bis zu etwa 95%. Das heißt also, daß nur etwa 5% der zugeführten Energie (die aus der Anlagenbatterie bezogen wird) im Wechselrichter verloren gehen.

Bei kleineren Auto-Wechselrichtern liegt der Wirkungsgrad oft nur bei ca. 90% bis 92%. In solchen Wechselrichtern gehen also bis zu 10% der ihnen zugeführten Energie verloren.

Soweit der Wechselrichter nur gelegentlich gebraucht wird – oder nur einen kleineren Verbraucher betreiben muß – rechtfertigt ein relativ niedriger Anschaffungspreis die etwas höheren Energieverluste.

Unerwünscht hohe Energieverluste kann bei einem Wechselrichter auch seine Leerlauf-Stromabnahme verursachen. Auf diesen technischen Parameter ist besonders dann zu achten, wenn der Wechselrichter etwas kontinuierlicher betrieben werden soll. Es gibt z.B. Wechselrichter, die beim Leerlauf bereits einen Strom von ca. 0,25 A verbrauchen, aber es gibt auch solche, die einen Standby-Verbrauch von nur 0,025 A aufweisen.

Generell ist zu empfehlen, daß man für eine netzunabhängig arbeitende „Inselanlage“ nicht unbedingt nur deshalb eine 230-V-

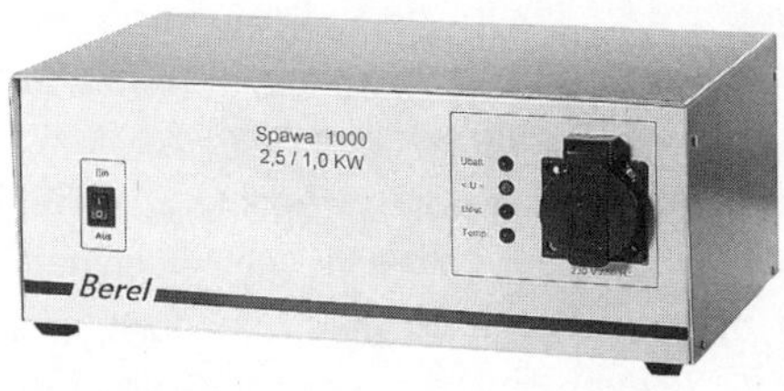

Bild 17.4 Der Spawa-1000 W-Wechselrichter gehobener Preisklasse wandelt eine Gleichspannung von 10 bis 15 V in eine 230 V-trapezförmige Wechselspannung um; Sein Wirkungsgrad liegt bei 95%, sein Standby Ruhestrom beträgt nur 25 mA, sein „aktiver Ruhestrom" 500 mA (Foto Conrad Electronic)

Wechselspannung einplant, um da irgendwelche alte „ausrangierte" Haushaltsgeräte betreiben zu können. Rein rechnerisch rentiert es sich, wenn man sich bevorzugt die passenden 12-V- oder 24-V-Verbraucher neu zulegt. Viele von ihnen arbeiten sowieso energiesparender, als die gängigen Netzverbraucher und kosten unter Umständen alle zusammen sogar weniger, als ein neuer Wechselrichter.

Gleichstrom/Gleichstrom-Spannungswandler

Die gängigsten Gleichstrom/Gleichstrom-Spannungswandler (international als DC/DC-Spannungswandler bezeichnet) sind für die Umwandlung von einer 12-V-Gleichspannung in eine 24-V-Gleichspannung oder umgekehrt von einer 24-V-Gleichspannung in eine 12-V-Gleichspannung ausgelegt.

Bezeichnet werden sie dann z.B. als „Spannungswandler 12V/24V" oder als „Spannungswandler 24V/12V". Die erst angegebene Spannung ist immer die „Eingangsspannung", die darauffolgende Spannungsangabe bezieht sich auf die Ausgangsspannung.

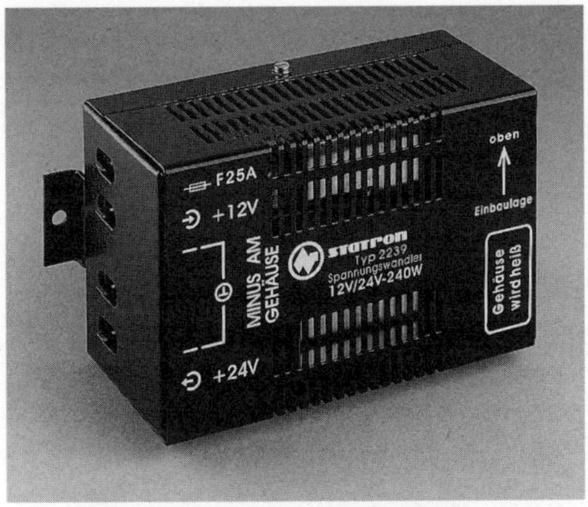

Bild 17.5 Spannungswandler 12 V auf 24 V; der Eingangs-Spannungsbereich ist für 10-12-15 V und einen Ausgangsstrom von 10 A ausgelegt. Abmessungen: 105 x 95 x 70 mm; Gewicht 0,55 kg (Conrad Electronic)

Wozu kann so ein Spannungswandler eigentlich gut sein? Es kann vorkommen, daß man im 12-V- oder 24-V-Hausnetz ausgerechnet ein Gerät betreiben will, daß es ausgerechnet gerade nur für die Spannung gibt, über die das Hausnetz nicht verfügt.

Bild 17.5 zeigt einen Spannungswandler der eine 12-V-Gleichspannung in eine 24-V-Gleichspannung umwandelt. Da sich Gleichstrom bekannterweise nicht transformieren läßt, muß in diesem Fall der Spannungswandler intern erst den Gleichstrom in Wechselstrom umwandeln, danach transformieren (oder auf eine andere Art elektronisch die Spannung verdoppeln), dann wieder gleichrichten und stabilisieren. Das verteuert den ganzen Spaß.

Wesentlich einfacher ist es mit sogenannten „linearen" Spannungswandlern, die eine hö-

Bild 17.6 Ausführungsbeispiele einiger kleinerer Spannungswandler: die Gehäuse der oberen drei Geräte sind in „Kühlkörperversion“ ausgeführt. Das größte Gerät (oben) wandelt eine 24-V-Spannung in eine 12-V-Spannung um und ist für eine Strombelastung von max. 12 A ausgelegt. Das darunterstehende Gerät funktioniert ähnlich, aber seine max. Stromentnahme beträgt nur 8 A. Das kleinste der Geräte regelt eine Eingangsspannung von 12 V wahlweise auf 4,5 V, 6 V oder 9 V herab (bei einer max. Stromentnahme von 1,5 A). Der unterste Spannungswandler ist als „Aufwärtswandler“ von 12 V auf 24 V (max. 10 A) konzipiert. Foto Conrad Electronic

here Gleichspannung in eine niedrigere Gleichspannung einfach herabregeln, denn hier muß nicht „von unten nach oben“ transformiert oder kompliziert „verdoppelt“ werden. Daher sind diese Spannungsregler oft auch wesentlich preiswerter, als Spannungsregler, die am Ausgang eine höhere Spannung als am Eingang bieten. Es gibt aber auch unter den Spannungsreglern, die „von oben nach unten“ regeln, einige aufwendigere Geräte, die einen hohen Wirkungsgrad anstreben und deshalb ziemlich kostspielig konzipiert sind.

Wie aus dem Text zu Bild 17.6 hervorgeht, gibt es auch Spannungswandler für verschiedene andere Spannungen. In diesem Fall können an solch einem Gerät diverse elektronische Batterie-Kleingeräte – wie Notebooks oder Radios – angeschlossen werden.

Wenn es sich jedoch um Kleingeräte handelt, die regelmäßiger betrieben werden, könnte anstelle von einem zusätzlichen Spannungswandler lieber ein zusätzliches kleines Solarzellenmodul eine separate kleinere Batterie nachladen. Diese „Mini-Anlage“ dürfte dann nur für den einen speziellen Verbraucher zur Verfügung stehen. Eine solche Lösung ist besonders dann zu empfehlen, wenn die eigentliche Stromversorgung des „Hausnetzes“ nicht ausgesprochen überdimensioniert ist.

Schließlich wäre noch darauf hinzuweisen, daß es gegenwärtig kleine integrierte Schaltungen (ICs) gibt, die man ebenfalls als Gleichspannungswandler verwenden kann. Einige davon können sogar eine niedrigere Gleichspannung in eine höhere Gleichspannung umwandeln (allerdings meistens nur bei kleinen Leistungen).

Wesentlich robuster in bezug auf den Ausgangsstrom und gleichzeitig auch relativ einfach zum Nachbau sind die einstellbaren Spannungsregler nach Bild 17.7. Es gibt sie in verschiedenen Ausführungen, wobei das Gehäuse identisch mit dem Gehäuse eines Transistors ist (auch von der Größe her). So ein Spannungsregler benötigt nur 4 zusätzliche Bausteine: zwei Elektrolyt-Kondensatoren (10 µF/35 V und 100 µF/35 V), einen Widerstand (121 Ω) und einen Einstellpotentiometer (5 kΩ), mit dem sich die gewünschte Ausgangsspannung einstellen läßt – allerdings nur „von oben nach unten" (womit sie also niedriger, als die Eingangsspannung wird).

Bemerkung: Soweit ein Spannungsregler einen höheren Strom, als etwa 1/5 seines zugelassenen Maximums liefern soll, benötigt er einen zusätzlichen Kühlkörper (dieser sollte gleich mitgekauft werden).

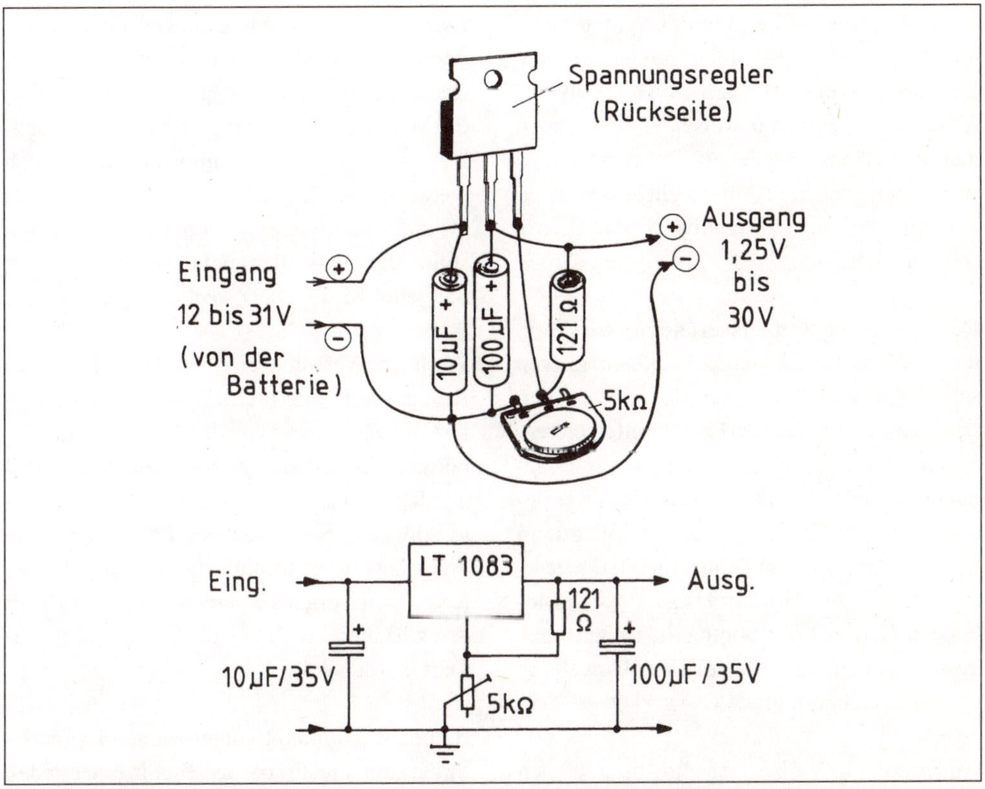

Bild 17.7 Nachbauleichtes Schaltbeispiel eines einstellbaren Spannungsreglers, dessen Ausgangsspannung etwa zwischen 1,25 V und der fast vollen Eingangsspannung regelbar ist (oben im Bild ist die Schaltung „in natura", unten mit gängigen Schaltzeichen aufgeführt); Der Ausgangsstrom hängt hier von der Type des Spannungsreglers ab und beträgt: beim LT 1086 CT max. 1,5 A, beim LT 1085 CT max. 3 A, beim LT 1084 CP max. 5 A und bei der Type LT 1083 CP max. 7,5 A (Anbieter: Conrad Electronic; alternativ in verschiedenen Ausführungen im Elektronik-Fachhandel erhältlich)

18 Vorschriften und Sicherheitsmaßnahmen

Wir haben bereits im Kap. 7 darauf hingewiesen, daß Kleinspannungsanlagen, die nicht netzgekoppelt sind, als solche keinem Vorschriftszwang unterliegen. Nur für das Aufstellen des eigentlichen Windgenerators ist ab einem gewissen Windraddurchmesser eine Baugenehmigung erforderlich. Die baurechtlichen Bestimmungen weisen regional noch ziemliche Unterschiede auf. Daher ist bereits im Planungsstadium eine rechtzeitige Konsultation bei der zuständigen Baubehörde sehr zu empfehlen.

Das Baugenehmigungsverfahren wurde in letzter Zeit bei kleineren Windgeneratoren sehr gelockert. Umso wichtiger ist es, den Nachbarn rechtzeitig darüber zu informieren, was man genau vorhat, wie das Ganze aussehen wird und wo es stehen soll, und zwar bevor man sich überhaupt auf den Weg zum Bauamt macht. Es sei denn, der Windgenerator soll auf dem Grundstück eines alleinstehenden Hauses bzw. Sommerhäuschens aufgestellt werden, in dessen direkter Umgebung es keine Nachbarn gibt.

Andernfalls ist zu berücksichtigen, daß auch ein kleiner Windgenerator einen gewissen Lärm bzw. gewisse Geräusche erzeugen kann, die der Nachbar unter Umständen als unzumutbar einstufen könnte. Hier geht es nicht so sehr um die ermittelbaren Meßwerte einer objektiven Lautstärke, sondern um das subjektive Empfinden (ein tropfender Wasserhahn ist kaum hörbar und kann dennoch so manchen von uns verrückt machen).

Es sind zudem Fälle bekannt, bei denen sogar der Schatten oder die Lichtreflexionen des drehenden Propellers (durch das Flimmern) die Wohnräume oder die Terrasse des Nachbarn zu einer Disco umwandelten. Auch wenn sich die Baubehörde in dieser Hinsicht als aufgeschlossen und unbürokratisch zeigt, sollte der Aufsteller nicht davon ausgehen, daß jedes Mittel den Zweck heiligt.

Wichtig: Wer sich eine größere, kompakte Anlage kauft, die bereits baubehördlich zugelassen wurde, kann von dem Anbieter alle benötigten Unterlagen bekommen. Manchmal handelt es sich hier jedoch nur um typgeprüfte Anlagen, bei denen der Prüfungsumfang nicht unbedingt in allen Bundesländern den jeweiligen Vorgaben gerecht wird – was mit der zuständigen Baubehörde rechtzeitig geklärt werden sollte.

Baurechtlich bietet einen ziemlich großen Spielraum die Frage der Statik einer jeden Windenergie-Anlage. Auch ein kleiner Windgenerator kann eine potentielle Bedrohung für den Fall darstellen, daß ihn ein kräftiger Sturm als eine Art Knüppel zur Vernichtung vom Besitz des Nachbarn anwendet. Wenn dabei der Beschädigte selber nicht gegen

Sturm versichert war, muß er nota bene für so einen Schaden sogar selber aufkommen.

Zu den „gefährdeten Objekten" gehören baurechtlich auch öffentliche Straßen, Wege und Brücken, die ein „vom Sturm verwehter" Windgenerator (mit Mast) blockieren oder beschädigen kann.

Die Baubehörde wird also bei der Beurteilung der Kriterien für eine Baugenehmigung alle derartigen Gegebenheiten mitberücksichtigen.

Im einfachsten Fall wird gar keine Baugenehmigung notwendig sein – vorausgesetzt, der „Bauherr" achtet darauf, daß gewisse Grenzen hinsichtlich der Höhe des Mastes oder des Durchmessers des Windrades nicht überschritten werden. Andernfalls empfiehlt es sich, daß zunächst eine „Bauvoranfrage" über die Gemeinde an die zuständige Bauaufsichtsbehörde eingereicht wird.

Bei kleineren Projekten wird für eine solche Bauvoranfrage (wie auch bei der Antragstellung für eine Baugenehmigung) als „Bauzeichnung" nur eine einfache Skizze genügen. Sie kann auch ohne Lineal – also nur aus der Hand erstellt werden.

Normale „gehobenere" Bauvorhaben werden grundsätzlich in 4 Ansichten (bezogen auf die Himmelsrichtung) und mit einem Grundriß dargestellt. In der rechten oberen Ecke der Zeichnung wird ein kleiner Lageplan (Abzeichnung der Flurkarte) im Maßstab 1:5000 eingezeichnet.

Der Lageplan sollte möglichst genau der kadastralen Flurkarte entsprechen, die beim Katasteramt gegen eine kleine Gebühr erhältlich ist.

Auf die eigentliche Bauzeichnung wird in der Regel nur ein kleiner Ausschnitt aus dem Lageplan übernommen, der für eine maßstabsgerechte Einzeichnung des vorgesehenen „Bauobjektes" und seine Lokalisierung erforderlich ist. Aus dieser Zeichnung soll also u.a. ersichtlich sein, wie weit entfernt der Windgenerator von der Grundstücksgrenze zum Nachbarn oder zur Straße stehen wird.

Ein beigelegtes Foto des Windgenerators bzw. eine Schnittzeichnung (die vom Hersteller erhältlich ist) wird von einigen Bauämtern ebenfalls verlangt – oder zumindest begrüßt, wenn es sich um größere Windgeneratoren handelt.

Bei größeren Vorhaben wird möglicherweise das Bauamt verlangen, daß die eingereichten Bauunterlagen von einem zugelassenen Architekten oder Meister unterzeichnet sind (der die Verantwortung für die Ausführung übernimmt). Zudem kann das Bauamt auf weiteren prüffähigen Unterlagen über die Statik und andere bautechnisch erforderliche Eigenheiten des Projektes bestehen.

So ein Bauantrag wird ja nicht nur in Hinsicht auf die reinen bautechnischen Gesetze und Bauordnungen geprüft. Die Straßenbaugesetze, Naturschutzgesetze, Landschaftsgesetze und diverse lokale Verordnungen können bei größeren Windgeneratoren solch ein Vorhaben ganz schön komplizieren.

Manchmal muß das Genehmigungsverfahren noch weitere „Genehmigungsschleifen" durchlaufen, die mit der Gewerbeordnung, mit Maschinenschutzgesetz, Energiewirtschaftsgesetz, Bundesimmissionsschutz und diversen damit verbundenen Verordnungen zusammenhängen.

Die „Technische Anleitung Lärm" aus dem Bundesimmissions-Schutzgesetz gibt beispielsweise folgende Grenzwerte für die erlaubten Schalldruckpegel an, die bezogen auf die jeweiligen Einstufungen der Bebauungsgebiete nicht überschritten werden dürfen:

a) Gewerbegebiet –
am Tag 65 dB(A); nachts 50 dB(A)
b) Mischgebiet –
am Tag 60 dB(A); nachts 45 dB(A)
c) allgemeines Wohngebiet –
am Tag 55 dB(A); nachts 40 dB(A)
d) reines Wohngebiet –
am Tag 50 dB(A); nachts 35 dB(A)

Das sind Grenzwerte, in deren Nähe man bei kleineren Windgeneratoren normalerweise gar nicht kommt – es sei denn, man erstellt im Eigenbau einen ausgesprochenen Krachmacher.

Spannungs-Höchstgrenzen und Vorschriftszwang

„Kleinspannungs-Installationen", die mit einer Gleichspannung unterhalb von 120 Volt oder einer Wechselspannung von höchstens 50 Volt arbeiten, unterliegen – wie bereits im Kap. 6 erwähnt wurde – keinem Vorschriftszwang. Bei Batterianlagen sind Überschreitungen bis zu 19% der Gleichspannung zulässig.

Dies beinhaltet, daß z.B. die Lade-Gleichspannung, die ein Wind- oder Solargenerator erzeugt, theoretisch bis zu 142,8 V haben darf, ohne daß sie einem Vorschriftszwang unterliegt.

Soweit ein privater Errichter diese Spannungsrenzen nicht überschreitet, braucht er sich in dieser Hinsicht keine Gedanken über irgendwelche Vorschriften zu machen – was allerdings wiederum in Hinsicht auf allgemeine (also auch private) Sicherheitsgründe nicht bedeutet, daß jegliche Vorsichtsmaßnahmen völlig ignoriert werden sollten.

Eine 24-Volt-Gleichspannung ist laut Gesetz jedoch sogar bei Kinderspielzeug als unbedenklich eingestuft. Bei direkter Berührung mit Händen oder Füßen ist diese Spannung nicht einmal im Wasser wahrnehmbar. Nur wenn beide Pole auf die Zunge gelegt werden, kann es wehtun (was von dem Abstand der zwei Pole und von der „Kontaktfläche" abhängt).

Dennoch sollte auch bei dieser Spannung darauf geachtet werden, daß durch einen schlechten Kontakt oder durch einen Kurzschluß in der Installation unter keinen Umständen Brand entstehen kann.

Rein theoretisch gilt – wie bereits erwähnt – eine Gleichspannung von bis zu 120 Volt als „Schutzkleinspannung" (bei der Wechselspannung sind es nur 50 Volt, weil diese wesentlich gefährlicher ist).

Bis zu diesen Spannungsgrenzen unterliegen also die eigentlichen elektrischen Installationen von Windgeneratoren keinem Vorschriftszwang, und weder eine Behörde noch irgendeine andere Institution verfügen über die Kompetenz sich in dieser Hinsicht auf die eine oder andere Weise einzumischen.

Als evtl. potentieller „Gegner“ könnten sich hier hypothetisch nur im Falle eines Versicherungsschadens die Versicherungsgesellschaft bzw. ihre treu ergebenen Sachverständigen erweisen. Da es gegenwärtig zu einer Mode geworden ist, daß Versicherungen vieles tun, um sich vor der vertraglichen Zahlungspflicht so weit wie nur möglich zu drücken, sollte ihnen eine zu nonchalant ausgeführte Installation keine unnötige Spielfläche einräumen.

Zu berücksichtigen ist, daß bei der Anwendung eines Wechselrichters (Inverters) mit einer Ausgangs-Wechselspannung von mehr als 50 Volt der Vorschriftszwang wieder da ist. Soweit es sich jedoch nicht um eine netzgekoppelte Anlage handelt, kann einem privaten Errichter kaum jemand auferlegen, daß er seine Installation von einem „anerkannten“ Elektromeister oder vom TÜV überprüfen lassen müßte.

Wenn jedoch im Hausnetz ein Wechselrichter verwendet wird, der eine 230-V-Wechselspannung liefert, sollten hier die an sich unkomplizierten Sicherheitsmaßnahmen im eigenen Interesse eingehalten werden. Besonders dann, wenn an dem Wechselrichter eine aufwendigere Installation angeschlossen ist – und nicht nur eine elektrische Schreibmaschine bzw. ein einziges anderes Gerät.

Nur bei Energieerzeugungsanlagen, die an das Netz eines „Elektrizitätsversorgungsunternehmens (EVU)“ angeschlossen werden – also bei netzgekoppelten Anlagen – ist die zuständige Elektrizitätsgesellschaft berechtigt, ihre Anforderungen zu bestimmen.

Die Einbindung der „Eigenerzeugungsanlage“ in das Netz des EVU ist durch einen eingetragenen Elektroinstallateur vozunehmen.

Für die Anmeldung sind folgende Unterlagen beim EVU einzureichen:

- Lageplan, aus dem die Grundstücksgrenzen und der Aufstellungsort hervorgehen
- Übersichtsschaltplan der gesamten elektrischen Anlage mit den Nenndaten der eingesetzten Betriebsmittel
- Beschreibung der Schutzeinrichtung mit genauen Angaben über Art, Fabrikat, Schaltung und Funktion
- Beschreibung der Art und Betriebsweise vom Generator, Wechselrichter sowie der Art der Zuschaltung zum Netz
- Angaben über die Kurzschlußfestigkeit der Schaltorgane
- Bei Wechselrichtern zusätzlich ein Nachweis über die Erfüllung der vorgeschriebenen Parameter, die eine optimal synchronisierte, netzidentische Einspeisung garantieren – z.B. durch Vorlage einer Konformitätserklärung des Herstellers (soweit der Wechselrichter nicht bereits dem EVU bekannt ist).

Netzanschluß

Eigenerzeugungsanlagen dürfen bis zu einer Leistung von 4,6 kVA (bei Photovoltaik bis zu 5 kW) an einen Außenleiter angeschlossen werden.

Erforderliche EVU-Zähler und Steuergeräte sind in einem Zählerschrank mit den entsprechenden Funktionsflächen (nach DIN 43870) anzuordnen. Die erforderlichen Verdrahtungspläne – die z.B. nach Bild 16.1 oder 16.2 (im 16. Kapitel) ausgeführt sind – stellt das EVU zur Verfügung, soweit es die Verdrahtung nicht selbst vornimmt.

Wie kompliziert so ein Vorhaben in Hinsicht auf die aufgeführten Punkte auch erscheinen mag, in Wirklichkeit ist alles ziemlich einfach und verläuft problemlos.

Brandgefahr

Wo es Spannung gibt, dort können auch Funken entstehen. Wo es Funken gibt, dort kann auch Feuer entflammen. Es wäre ein Fehler, anzunehmen, daß niedrigere Spannungen keinen Brand verursachen können. Ein Wakkelkontakt einer schlecht zugedrehten Verbindungsklemme kann bei einem höheren Strom sehr viel Hitze (bzw. Glut) entwickeln.

Die schlimmsten Schwachstellen einer solchen Installation bilden – wie bereits im Kap. 7 kurz angesprochen – fast ausschließlich alle Schraub- und Klemmverbindungen, an denen die Kabel oder Drähte aneinander oder an Schalter und an Verbraucher angeschraubt werden. Hier sollte man gute Schraubklemmen verwenden, die einen dauerhaften Halt garantieren.

Es ist darauf zu achten, daß diese Klemmen auch derartig mechanisch geschützt bleiben, daß evtl. Funken oder Erhitzung keinen Brand verursachen können. Gängige Installationsdosen bieten dabei einen guten Schutz.

Ein schlechter Kontakt in einer Klemme kommt auch in der Praxis eines gewissenhaften Elektrikers gelegentlich vor. Nicht immer wird ein schlechter Kontakt gleich bei der Inbetriebnahme entdeckt. Manchmal dauert es einige Jahre (nachdem sich alles etwas gelokkert hat) bevor so ein Kontakt zu funken oder zu glühen anfängt.

Es muß sich dabei um keine ausgesprochene Nachlässigkeit handeln. Die eine oder andere Schraube klemmt manchmal versehentlich nicht alle Drahtenden gut fest, zudem kann sich auch eine gute Verbindung durch zusätzliches Ziehen an den Drähten (bei anschließenden Arbeiten) etwas lockern usw.

Eine weitere Ursache der Funkenbildung sind schlecht abisolierte Drahtenden. Ob man das Drahtende mit einem Messer oder mit einer Spezialzange abisoliert, in den Kupferdraht selbst darf dabei auf keinen Fall eingeschnitten werden. Schon eine haardünne Kerbe in der glatten Oberfläche eines Kupferdrahtes kann leicht dazu führen, daß er früher oder später (worunter durch Material-Ermüdung) an dieser Stelle wie ein Eiszapfen abbricht. Falls sich die Bruchstellen noch zufälligerweise weiterhin berühren, kann es hier zu einer brandverursachenden Funkenentwicklung kommen.

Natürlich handelt es sich bei diesen angesprochenen Gefahrenquellen um selten vorkommende Ausnahmen, von denen man sich nicht einschüchtern lassen braucht, wenn die angesprochenen Vorsorgemaßmahmen in einem vernünftigen Umfang eingehalten werden. Dies ist vor allem dann wichtig, wenn die Leitungen auf Holzwänden oder Holzbalken verlegt werden.

Windräder im Eigenbau

19

Die meisten kleineren Windgeneratoren sind als Propeller-Schnelläufer ausgelegt und bringen daher bei bescheidenem Windaufkommen nur einen zu geringen Teil ihrer offiziellen Nennleistung auf. Im Kap. 3 konnten wir in Erfahrung bringen, daß sich vor allem die Savonius-Windräder für Standorte mit geringem Windaufkommen gut eignen.

Diese Windräder lassen sich leicht im Eigenbau erstellen. Zumindest dann, wenn es ein erfahrener Tüftler in die Hand nimmt. Es setzt allerdings etwas Geduld und Experimentiergeist voraus, denn eine kochrezeptartige universale Bauanleitung läßt sich bei der in Frage kommenden Variationsvielfalt gar nicht verfassen.

Dies wäre auch nicht der Sinn der Sache, denn jeder Tüftler hat andere technologische Möglichkeiten und zudem eine eigene Vorstellung von der Größe, Form und Aufstellung des Windrades. Dazu kommt auch noch der Spielraum, den die Anwendung eines beliebigen elektrischen Generators erlaubt.

Ein Windgenerator besteht aus drei wichtigen Konstruktionsteilen: Aus dem eigentlichen Windrad, dem elektrischen Generator und einem Getriebe, daß die relativ niedrige Drehzahl des Windrades in eine höhere Drehzahl umsetzt, die der elektrische Generator benötigt.

Der Entwurf einer eigenen Konstruktion wird üblicherweise mit der Frage nach einem passenden elektrischen Generator beginnen. Was „passend" ist, liegt nur im persönlichen Ermessen. Wie bereits an anderen Stellen erwähnt, kann sogar ein kleiner Fahrraddynamo als Generator verwendet werden.

Ein einziger Dynamo liefert allerdings nur eine 6 V-Spannung (Wechselspannung). Wer mit so einem Windgenerator z.B. eine 12-V-Batterie nachladen möchte, müßte drei bis vier solcher Dynamos nach *Bild 19.1* oder *19.2* gleichzeitig vom Windrad antreiben, und diese sollten nach Bild 19.3 elektrisch in Serie verschaltet werden.

Eine solche Lösung mag zwar etwas zu sehr nach einem Spielzeug aussehen, aber wenn die Windradflügel groß genug ausgelegt werden, wird ein Ladestrom von bis zu 0,5A zur Verfügung stehen. Die Spannung von max. 18 V (3 Dynamos) bis ca. 24 V (4 Dynamos) reicht für ein zuverlässiges Nachladen der Batterie einer kleineren Anlage aus (und kann natürlich auch mit Solarstrom kombiniert werden).

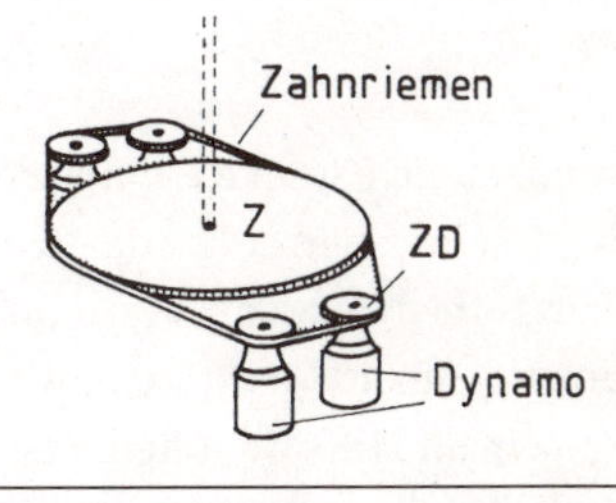

Bild 19.1 Konstruktionsbeispiel eines Antriebes von 4 Fahraddynamos: mit Hilfe eines Zahnriemens

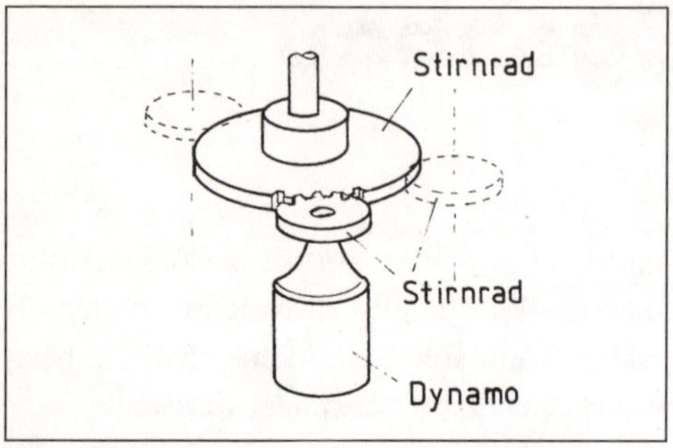

Bild 19.2 Wenn das Eigenbau-Stirnrad exakt rund ist, kann der Zahnriemen wegfallen und die Dynamos können – ähnlich wie bei einem Fahrrad – mit ihren Zahnscheiben (Stirnrädern) direkt an dem großen Stirnrad federnd angedrückt, oder auch fest montiert anliegen; dies hat jedoch etwas mehr Geräuschentwicklung zufolge und setzt zudem höhere Ansprüche an Präzision voraus.

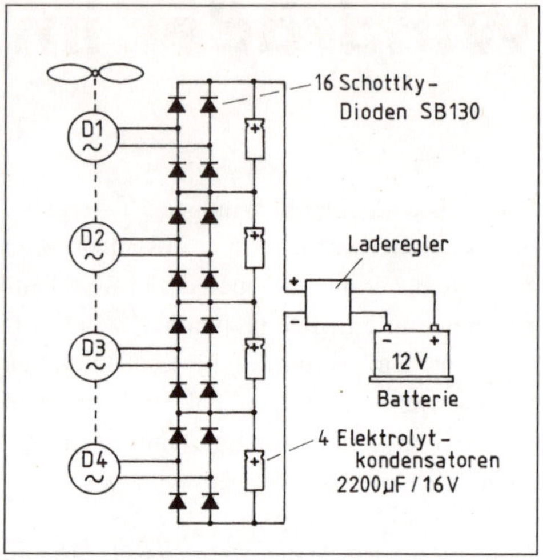

Bild 19.3 Die gängigen Fahrraddynamos (D1 bis D4) sind physikalisch gesehen keine Dynamos, weil sie nicht Gleichstrom, sondern Wechselstrom erzeugen. Die eingezeichneten Schottky-Dioden bilden verlustarme Gleichrichter, die Elektrolytkondensatoren glätten den pulsierenden Gleichstrom, der dann über einen einfachen Laderegler (auch Solar-Laderegler) die Anlagenbatterie nachlädt.

Der Antrieb einer Konstruktion nach Bild 19.1 ist mit einem handelsüblichen „HTD-Zahnriemen“ ausgelegt, dessen Teilung 3 bis 5 mm und Breite 9 mm betragen sollte.

Das komplizierteste Bauteil bildet hier das „große Zahnrad“ (Z). Es handelt sich aber um kein echtes Zahnrad, sondern um eine runde Scheibe, auf die ein Zahnriemen (Teilung 5 mm) mit 400 Zähnen und einer handelsüblichen Standardlänge von 2000 mm aufgeleimt wurde (mit Patex). Der Scheibendurchmesser beträgt 637 mm.

Für experimentelle Zwecke kann die Scheibe aus wasserfestem Sperrholz oder Kunststoff erstellt (ausgefräst) werden. Am einfachsten läßt es sich mit einer Handfräse bewerkstelligen, die an einem Hilfsarm um die Scheibenmitte, wie der Zeiger einer Uhr geführt wird (bei einem harten Material – wie z.B. Plexiglas oder Makrolon – sollte die Scheibe erst grob mit einer Stichsäge ausgesägt und danach mit einer Handfräse maßgerecht (glatt) nachgearbeitet werden.

Die bestehenden Antriebsrädchen der Dynamo-Rotore müssen durch HTD-Zahnscheiben (ZD) mit je 12 Zähnen ersetzt werden (daraus ergibt sich eine Übersetzung von 1:33,3). Ein ca. 2525 mm langer HTD-Zahnriemen verbindet dann alle Zahnräder mit der Antriebsscheibe (Z) (soweit die Dynamos nicht direkt an diese Zahnscheibe nach Bild 19.2 angelegt werden).

Die Zahnscheibe Z kann evtl. direkt unterhalb des Bodens eines Savonius-Windrades montiert werden – soweit das Windrad nicht „irgendwo" höher oben angebracht und nur mit einer langen Welle (Rundstahl-Stange) mit dem eigentlichen Generator verbunden wird.

Bevor wir den Bau des Windrades ansprechen, wäre noch darauf hinzuweisen, daß man anstelle eines Fahrraddynamos verschiedene andere elektrische Generatoren verwenden kann. Erstens kämen die „Lichtmaschinen" aus Autos oder Motorrädern in Frage, zweitens kann praktisch jeder Gleichstrommotor (auch aus Akku-Handwerkzeugen) als Dynamo verwendet werden. Drittens gibt es auch Generatoren als Fertigprodukte.

Hinweis: Achten Sie bitte immer darauf, daß bei den Generatoren die „Haupt-Drehrichtung" eingehalten wird. Auch die Gleichstrommotoren der Akku-Handwerkzeuge haben ihre Haupt-Drehrichtung (= Bohr- oder Schrauben-Eindrehrichtung).

Was nun das eigentliche Windrad anbelangt: In den meisten Fällen werden wir uns an dem Savonius-Prinzip orientieren. Das Eigenbau-Windrad kann nach *Bild 19.4* ausgeführt werden.

Als Material für kleinere Windradflügel eignet sich am besten ein ca. 0,6 bis 1 mm dickes Aluminiumblech, das an einen tragenden Rahmen aus Alu-Rohren mit Rostfreistahl-Schrauben aufgeschraubt oder (mit Blindnieten) angenietet wird.

Kleinere Windräder können nur unten im Sockel gelagert werden. Größere Windräder (ab einer Flügelhöhe von ca. 500 mm) sollten (nach Bild 19.4) sowohl unten, als auch oben gelagert sein. Bevorzugt in einem Stahl- oder Alu-Rahmen nach *Bild 19.5*.

Wer sich sein Windrad selber baut, der kann sich natürlich den Luxus erlauben ein dekoratives Kunstück zu entwerfen. Physikalisch spricht nichts dagegen, daß aus mehreren ein-

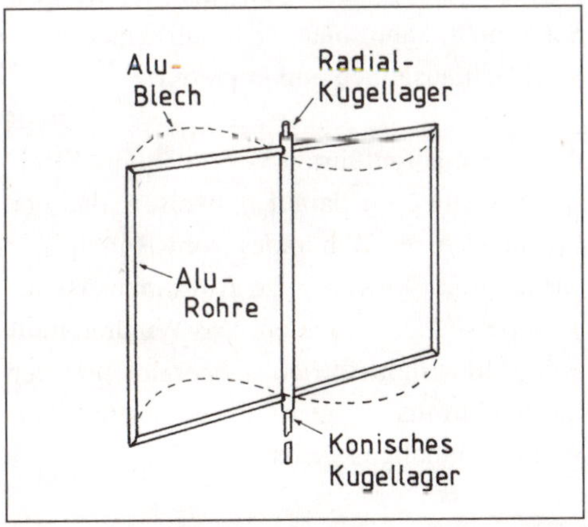

Bild 19.4 Kostruktionsprinzip eines Savonius-Windrad-Rahmens

Bild 19.5 Praktisches Ausführungsbeispiel einer kombinierten Anlage mit einem Savonius-Windrad (W) und darunter Solarzellenmodulen (FÜW AG, Ansbach)

zelnen „Savonius-Elementen" von unterschiedlichen Größen eine beliebig gestaltete Windradform erstellt wird – wie z.B. im *Bild 19.6* angedeutet ist. Anstelle der „Savonius-Elemente" könnten natürlich auch schöpflöffelartige Schalen (wie beim Handwindmesser) zu einem „drehenden Weihnachtsbäumchen" oder auf eine andere Weise als dekorative Flügel eines kugelförmigen Windrades einfach auf eine drehende Achse montiert werden.

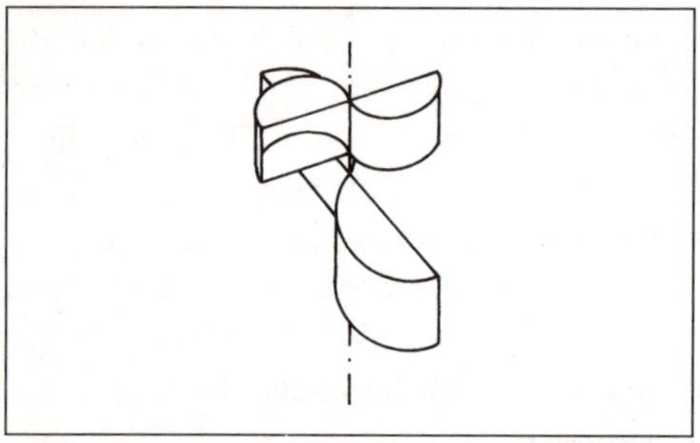

Bild 19.6 Ein Windrad kann auch aus beliebig vielen Savonius-Elementen bestehen, die evtl. an der Achse um 90° gegeneinander „verdreht" sind.

Drehen wird so ein Bauwerk immer; davon darf man ruhig ausgehen. Es fragt sich nur, ob es den vorgesehenen Windgenerator auch richtig auf Trab bringt. Vom Prinzip her ist die Problemlösung einfach: Je größer die Fläche der Windradflügel ist, desto leichter treibt das Windrad den vorgesehenen elektrischen Generator auch bei einem schwächeren Wind an. Dabei spielt natürlich das Eigengewicht des Windrades eine wichtige Rolle.

Einen großen Einfluß auf den Windrad-Wirkungsgrad hat die Ausführung der Übersetzung. Eine Zahnriemen- oder evtl. Rundriemen-Übersetzung eignet sich für den Selbstbau am besten. Sie hat einen relativ hohen Wirkungsgrad und ist zudem geräuscharm. So eine Übersetzung kann z.B. aus zwei oder mehreren Stufen nach *Bild 19.7* bestehen. Die Wellen der Scheiben 1 bis 4 sollten unbedingt kugelgelagert sein.

Jede Übersetzungs-Stufe hat verständlicherweise Verluste im Getriebe zufolge. Daher ist es von Vorteil, wenn der angewendete Generator mit einer möglichst niedrigen Drehzahl

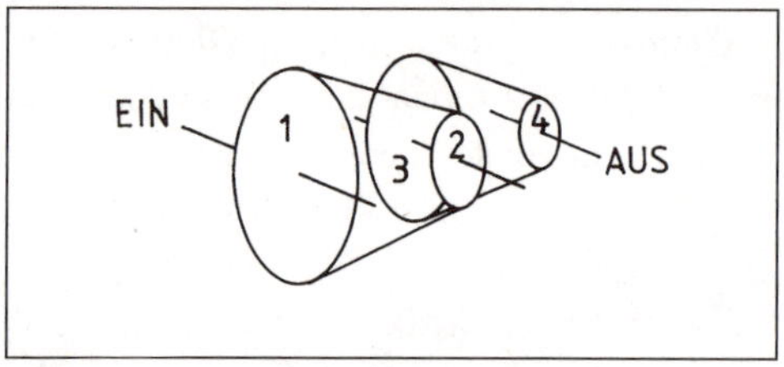

Bild 19.7 Prinzip einer zweistufigen Übersetzung mit Hilfe von Rund- oder Zahnriemen.

zufrieden ist. In der Hinsicht sind die Auto-Lichtmaschinen sehr günstig. Auch deshalb, weil üblicherweise auch eine komplette Laderegelung zur Verfügung steht, die ebenfalls für die vorgesehene Windenergie-Anlage verwendet werden kann (den dazugehörenden Schaltplan kann man sich bei einer Kfz-Werkstatt ausleihen und kopieren).

Alle diese aufgeführten Vorschläge und Beispiele wollen nur darauf hinweisen, daß der Eigenbau eines Windrades vom Prinzip her gar nicht so schwierig ist. Auf einen Aspekt ist dabei jedoch zu achten: Das Windrad muß – einschließlich Antrieb, Generator und der Ladeelektronik – auch einem stürmischen Wind standhalten können.

In vielen Fällen wird eine zusätzliche Vorrichtung unumgänglich, mit der das Windrad beim Sturm – oder bei zu starkem Wind abgebremst, abgestellt, bzw. irgendwo eingefahren wird. Dies ist besonders dann wichtig, wenn es sich um ein größeres Windrad handelt.

Bei den traditionellen Windmühlen wurde dies einfach dadurch gelöst, daß vor einem aufkommenden Sturm die Segel von den Flügeln abgenommen wurden.

Später hat man sich etwas kompliziertere Lösungen einfallen lassen: jalousieähnliche Flügelelemente, die sich bei kräftigem Wind wegdrehten usw. (was sich jedoch nicht so richtig durchgesetzt hat).

Inwieweit man sich beim Selbstbau irgendwelche automatische Vorrichtungen zumutet, die bei kräftigem Wind das Windrad abstellen, hängt natürlich vom persönlichen Knowhow ab. Vom Prinzip her gibt es viele Möglichkeiten: Die Drehzahl kann entweder rein elektronisch oder mit Hilfe eines Exzenters überwacht werden, und beim Überschreiten der vorgegebenen Sicherheitsgrenze wird das Windrad z.B. mit Hilfe eines kleinen Hilfsmotors abgebremst.

Wer sich eine derartige Lösung zutraut, der wird höchstwahrscheinlich zu denjenigen gehören, die sich „auskennen". Wer sich nicht auskennt, müßte erst mit einem kleineren Windrad anfangen, um Erfahrungen zu sammeln. Auch beim Bau eines kleinen Windrades sollte jedoch darauf geachtet werden, daß sich so ein „Kunstwerk" bei einem Gewitter nicht selbstständig macht und wie ein Ufo durch die Gegend fliegt.

Unser Tip: wer an ausführlicheren Informationen oder wesentlich mehr Ausführungsbeispielen und Anwendungsmöglichkeiten von Windenergieanlagen oder Solaranlagen interessiert ist, der findet sie in folgenden Werken:

a) Das große Anwenderbuch der Windgeneratoren-Technik
(319 Seiten, ISBN 3-7723-4712-6, Franzis-Verlag/Bo Hanus)

b) Wie nutze ich Solarenergie in Haus und Garten? / 3. aktualisierte Auflage
(97 Seiten, ISBN 3-7723-7932-X, Franzis-Verlag/Bo Hanus)

c) Wie Sie Solarstrom für Camping, Caravan und Boot nutzen
(96 Seiten, ISBN 3-7723-4104-7, Franzis-Verlag/Bo Hanus)

d) Solaranlagen richtig planen, installieren und nutzen
(300 Seiten, ISBN 3-7723-4452-6, Franzis-Verlag/Bo Hanus)

e) Der leichte Einstieg in die Elektronik
(360 Seiten, ISBN 3-7723-5543-9, Franzis-Verlag/Bo Hanus)

Lieferantennachweis:

Conrad Electronic
Klaus-Conrad-Straße 1
92240 Hirschau
Telefon 01 80/5 31 21 11
Telefax 01 80/5 31 21 10
T-Online *20744#
Internet: www.conrad.de

AeroCraft Energietechnik GmbH
Hoffeldstraße 20
27356 Rotenburg
Telefon 0 42 61/96 00 34
Telefax 0 42 61/96 00 35

Völkner
Marienberger Str. 10
38095 Braunschweig
Telefon 01 80/5 55 51
Fax 01 80/5 55 52
Internet: www.voelkner.de

ELV elektronik
Telefon 04 91/60 08 88
Fax 04 91/70 16

Sachverzeichnis

Gerät	Versorgungsspannung	Stromverbrauch
Kühlbox 40 W	12 V	3,4 A
Kühlbox 65 W	12 V	5,4 A
Farbfernseher	12 V (24 V)	2,9 bis 3 A
Wasser/Kaffeekocher	12 V	12,5 bis 15 A
Heizkissen	12 V	1,5 bis 3 A
Autostuhl-Heizbezug	12 V	2 bis 5 A
Kühlschrank 75 Liter	12 V (24 V)	25 Ah (12,5 Ah) pro Tag
Kühlschrank 132 Liter	12 V (24 V)	30 Ah (15 Ah) pro Tag

Bemerkung: Alle Daten haben nur einen informativen Charakter und können herstellerabhängig variieren.

Gleichstrom-, Förder- und Springbrunnenpumpen für Dauerbetrieb

Typ	Versorgungs-spannung	max. Strom-aufnahme	max. Förder-leistung	max. Förder-höhe
SXT 500	2,1 – 17 V	0,5 A	500 l/h	2,2 m
SXT 1200	2,1 – 17 V	1,3 A	1200 l/h	3,0 m
Uni-Mot	6 – 17 V	2,5 A	2200 l/h	3,0 m
Shurflo 800*	12 V	7,2 A	396 l/h	41 m
JET TBP 15	5 – 28 V	2,5 A	300 l/h	15 m
JET TBP 70	5 – 38 V	2,0 A	100 l/h	60 m

* Die Shurflo-Pumpe verfügt über einen eingebauten Druckschalter, der bei Druckabfall oder beim Öffnen des Wasserhahnes die Pumpe automatisch einschaltet (nach Schließen des Wasserhahnes schaltet er sie wieder ab).

„Low-cost"–Gleichstrompumpen für Betrieb mit 50% Einschaltdauer: max. 30 Minuten Betrieb und dieselbe Pausendauer (Conrad-Electronic)

Typ	Nenn-spannung	Strom-aufnahme	Förder-leistung	Förder-höhe
Minipumpe	3 V	0,25 A	50 l/h	0,2 m
Tauchpumpe BWV 04	12 V	1,7 A	600 l/h	6,0 m
Tauchpumpe BWV 03	12 V	2,0 A	720 l/h	6,0 m
Tauchpumpe BWV 01	12 V	2,9 A	1080 l/h	10,0 m